Indústria Cultural

Livros publicados pela Coleção FGV de Bolso

(01) *A História na América Latina – ensaio de crítica historiográfica* (2009)
de Jurandir Malerba. 146p.
Série **'História'**

(02) *Os Brics e a Ordem Global* (2009)
de Andrew Hurrell, Neil MacFarlane, Rosemary Foot e Amrita Narlikar. 168p.
Série **'Entenda o Mundo'**

(03) *Brasil-Estados Unidos: desencontros e afinidades* (2009)
de Monica Hirst, com ensaio analítico de Andrew Hurrell. 244p.
Série **'Entenda o Mundo'**

(04) *Gringo na laje – Produção, circulação e consumo da favela turística* (2009)
de Bianca Freire-Medeiros. 164p.
Série **'Turismo'**

(05) *Pensando com a Sociologia* (2009)
de João Marcelo Ehlert Maia e Luiz Fernando Almeida Pereira. 132p.
Série **'Sociedade & Cultura'**

(06) *Políticas culturais no Brasil: dos anos 1930 ao século XXI* (2009)
de Lia Calabre. 144p.
Série **'Sociedade & Cultura'**

(07) *Política externa e poder militar no Brasil: universos paralelos* (2009)
de João Paulo Soares Alsina Júnior. 160p.
Série **'Entenda o Mundo'**

(08) *A Mundialização* (2009)
de Jean-Pierre Paulet. 164p.
Série **'Economia & Gestão'**

(09) *Geopolítica da África* (2009)
de Philippe Hugon. 172p.
Série **'Entenda o Mundo'**

(10) *Pequena Introdução à Filosofia* (2009)
de Françoise Raffin. 208p.
Série **'Filosofia'**

(11) *Indústria Cultural – uma introdução* (2010)
de Rodrigo Duarte. 132p.
Série **'Filosofia'**

(12) *Antropologia das emoções* (2010)
de Claudia Barcellos Rezende e Maria Claudia Coelho. 136p.
Série **'Sociedade & Cultura'**

FGV de Bolso
Série Filosofia
11

Indústria Cultural
Uma introdução

Rodrigo Duarte

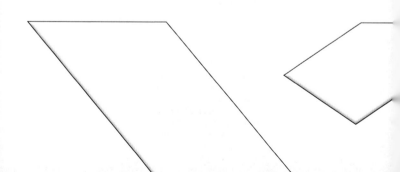

Copyright © 2010 Rodrigo Duarte

1ª edição — 2010; 1ª reimpressão — 2022.

Impresso no Brasil | *Printed in Brazil*

Todos os direitos reservados à EDITORA FGV. A reprodução não autorizada desta publicação, no todo ou em parte, constitui violação do copyright (Lei nº 9.610/98).

Os conceitos emitidos neste livro são de inteira responsabilidade do autor.

Este livro foi editado segundo as normas do Acordo Ortográfico da Língua Portuguesa, aprovado pelo Decreto Legislativo nº 54, de 18 de abril de 1995, e promulgado pelo Decreto nº 6.583, de 29 de setembro de 2008.

Coordenadores da Coleção: Marieta de Moraes Ferreira e Renato Franco
Preparação de originais: Remo Mannarino Filho
Revisão: Fátima Caroni, Tathyana Viana, Aleidis de Beltran
diagramação: FA Editoração
projeto gráfico e capa: Dudesign

Ficha catalográfica elaborada
pela Biblioteca Mario Henrique Simonsen/FGV

Duarte, Rodrigo
    Indústria cultural : uma introdução / Rodrigo Duarte. - Rio de Janeiro : Editora FGV, 2010.
    132 p. (Coleção FGV de bolso. Série Filosofia)

    Inclui bibliografia.
    ISBN: 978-85-225-0794-8
    1. Indústria cultural. 2. Indústria cultural – Brasil. I. Fundação Getulio Vargas. II. Título. III. Série.

CDD – 301.16

EDITORA FGV
Rua Jornalista Orlando Dantas, 37
22231-010 | Rio de Janeiro, RJ | Brasil
Tels.: 0800-021-7777 | 21-3799-4427
Fax: 21-3799-4430
editora@fgv.br | pedidoseditora@fgv.br
www.fgv.br/editora

Sumário

Introdução — 7

Capítulo 1 — 13
As origens históricas da cultura de massas

1.1 Atividades no *Ancien Régime*
1.2 Diferenciação entre tempo de trabalho e de lazer
1.3 A irrupção do entretenimento anterior à cultura de massas
1.4 A passagem para os meios da cultura de massas

Capítulo 2 — 31
O surgimento da Teoria Crítica da indústriacultural

2.1 O advento da Teoria Crítica da Sociedade
2.2 A ascensão do nazismo e a fuga para os Estados Unidos
2.3 A crítica à indústria cultural no contexto da *Dialética do esclarecimento*

Capítulo 3 — 47
Os operadores da indústria cultural segundoa crítica de Horkheimer e Adorno

3.1 A manipulação retroativa
3.2 A usurpação do esquematismo
3.3 A domesticação do estilo
3.4 A despotencialização do trágico
3.5 O fetichismo das mercadorias culturais

Capítulo 4 — 67
Retomadas do tema da indústria cultural na obra de Adorno

4.1 Indústria cultural e *Teoria estética*
4.2 Abordagens tardias sobre a indústria cultural: televisão e cinema novo

Capítulo 5 — 85
Indústria cultural, globalização e digitalização

5.1 Conceito de globalização
5.2 A indústria cultural global

Capítulo 6 — 101
Indústria cultural no Brasil

6.1 Indústria cultural num país periférico?
6.2 Rádio e cinema
6.3 A televisão: telenovela e telejornal

Referências bibliográficas — 123

Introdução

Entre os fenômenos mais evidentes à nossa percepção estão as fotos coloridas e atraentes dos *outdoors* e das capas de revistas semanais; fenômenos mais chamativos ainda são as imagens animadas e sonorizadas dos filmes, das telenovelas, dos videoclipes. A música que lhes serve de trilha sonora também nos envolve, completando uma atmosfera de estímulos que, por sua onipresença e intensidade, se configura até mesmo como um novo tipo de poluição, que poderia ser chamada de "mediática" (ou seja, oriunda dos *media*), ao mesmo tempo sonora, visual e discursiva. Mas mesmo em níveis bem mais brandos, que não agridem nossa percepção visual e auditiva, esse conjunto de mensagens traz consigo um desafio que, no final das contas, foi o que me motivou a escrever este livro: a onipresença e a intensidade das imagens e dos sons advindos dos *media* normalmente não encontram uma contrapartida na compreensão intelectual e – principalmente – reflexiva, por parte da esmagadora maioria das pessoas, sobre suas origens, suas razões de ser e até mesmo suas intenções inconfessas. E isso ocorre não apenas no nosso semialfabetizado Brasil, mas em todos os países do mundo, inclusive nos econômica e culturalmente mais desenvolvidos.

Naturalmente existem muitos modos de compreender uma dada realidade intelectual e reflexivamente, cuja escolha, na maior parte dos casos, depende tanto de pendores pessoais quanto da natureza do objeto a ser interpretado. No caso do conjunto de fenômenos audiovisuais abordados aqui, normalmente reunidos sob a rubrica de "cultura de massas", não me parece que haja um quadro conceitual mais apropriado do que a crítica proposta por Max Horkheimer e Theodor Adorno, no âmbito da qual foi forjado o termo "indústria cultural". Esse termo causou estranheza quando foi empregado pela primeira vez no início da década de 1940, pois uma tradição que remontava ao Iluminismo europeu do século XVIII separava cirurgicamente as esferas da cultura e da indústria: enquanto a primeira tinha a ver com a expressão da liberdade humana (ou pelo menos com a aspiração a ela), a segunda delimitava o mundo da necessidade, da coerção, da obrigatoriedade da produção, sob pena de não haver sobrevivência possível para a espécie humana como um todo. Curiosamente, constata-se que a estranheza do termo "indústria cultural" permanece até hoje, talvez por razões diversas daquelas que a engendraram em meados dos anos 1940.

Nessa época, surgiu a *Dialética do esclarecimento*, obra de autoria de Horkheimer e Adorno, cujo capítulo intitulado "Indústria cultural, o esclarecimento como mistificação das massas" apresentou uma crítica implacável ao fenômeno, então recente, da cultura de massas regulada por agências do capitalismo monopolista, organizadas em moldes industriais semelhantes aos dos ramos tradicionais da economia (indústria petrolífera, química, elétrica, siderúrgica etc.). Essa nova indústria era voltada para a consecução de dois objetivos bem-delimitados, a serem atingidos, quando possível, simultaneamente: a viabilidade econômica através da lucratividade dos seus produtos e a oferta da possibilidade de adaptação de seus consumidores à nova ordem imposta pela superação do capitalismo liberal, na qual o que restava de pessoalidade nas relações entre o capital e o trabalho havia se extinguido em virtude da formação de conglomerados econômicos que tendencialmente tomavam o lugar das instâncias estatais que anteriormente apenas representavam o poder material, sem se confundir diretamente com ele.

Embora a indústria cultural tenha se modificado bastante desde os seus primórdios nos primeiros anos do século XX até hoje, é evidente que alguns de seus elementos fundamentais se preservaram, o que justifica a incorporação de grande parte da crítica inaugurada por Horkheimer e Adorno, tomando-se o cuidado de averiguar em que medida um ou outro aspecto da situação se modificou tanto, que seria necessário indagar sobre a possibilidade de alguma correção no quadro teórico, a fim de preservar a acuidade da almejada abordagem crítica dos fenômenos em questão.

Tendo em vista o exposto, parece-me que o mais acertado para um livro de introdução ao tema da indústria cultural, como este, é iniciar com um pequeno memento histórico sobre o tipo de demanda que havia por entretenimento, mesmo antes de os meios típicos da primeira fase da indústria cultural – o cinema, o rádio, o gramofone – terem sido inventados ou, eventualmente, não terem ainda se popularizado suficientemente para caracterizar o aspecto de produção e consumo em massa de bens "imateriais", típicos da indústria cultural. Disso se constitui o primeiro capítulo do livro.

O próximo passo, constituinte do segundo capítulo, é mostrar como, relativamente pouco tempo depois de a indústria cultural se tornar uma realidade quase onipresente nos países mais industrializados, amadureceram-se as condições para sua abordagem reflexiva, o que, na prática, ocorreu apenas depois do advento da "Teoria Crítica da Sociedade", vertente filosófica que propôs desde o início um diálogo com as ciências humanas, procurando também, a partir de uma consciência teórica originalmente marxista, se aproximar de correntes de pensamento não marxista, como a psicanálise de Sigmund Freud, a sociologia de Max Weber, ou a filosofia de Friedrich Nietzsche.

No terceiro capítulo, procura-se expor, do modo mais simples e direto, o que poderiam ser chamados de "operadores" da indústria cultural, de acordo com a abordagem crítica de Horkheimer e Adorno. Tendo em vista a dificuldade de várias passagens do texto sobre esse tema na *Dialética do esclarecimento*, optou-se aqui por uma descrição de procedimentos típicos da indústria cultural – o que chamei de "operadores" –, os quais se constituem também como critérios de identificação não apenas de suas práticas, mas, eventualmente, até mesmo dos seus produtos mais típicos.

No quarto capítulo, considerando-se que, da dupla de autores responsável pelo início do debate, apenas Theodor Adorno continuou levando adiante a reflexão feita no início dos anos 1940, procede-se a uma análise de seus textos das décadas de 1950 e 1960, nos quais o tema da indústria cultural é retomado e, eventualmente, também atualizado, tendo em vista tanto os desenvolvimentos tecnológicos posteriores quanto as modificações na esfera sociopolítica e até mesmo estética.

O quinto capítulo constitui uma tentativa de, baseando-se também em pesquisas por mim já realizadas e publicadas, atualizar a abordagem crítica do tema da indústria cultural em função das importantes transformações geopolíticas e tecnológicas ocorridas a partir do final da década de 1980 e início da de 1990, naquilo que ficou conhecido como "globalização" – processo que, apesar de ter introduzido enormes mudanças de várias ordens, não modificou sensivelmente, segundo nosso ponto de vista, a essência do que vinha sendo a indústria cultural desde o seu início.

No sexto e último capítulo, procura-se averiguar em que medida a indústria cultural, mesmo tendo tido sua origem nos países altamente industrializados, teria se estabelecido no Brasil num momento relativamente precoce, uma vez que, como se sabe, a industrialização em termos capitalistas modernos é um fenômeno bastante tardio em nosso país. Muitos elementos apontam para a confirmação dessa hipótese, embora se tenha de levar em conta algumas peculiaridades da cultura de massas no Brasil.

Meus objetivos com a redação deste livro terão se realizado plenamente se ele contribuir, de algum modo, para uma abordagem menos ingênua – e mais crítica – desse fenômeno que é tão onipresente que corre o risco de passar despercebido como agência de determinação e de direcionamento de nossas ações (inclusive políticas) e de nossas opções estéticas.

Belo Horizonte, setembro de 2009
Rodrigo Duarte

Capítulo 1

As origens históricas da cultura de massas

1.1 Atividades no *Ancien Régime*

Um dos aspectos mais óbvios de nossa realidade – amplamente difundido em todo o mundo contemporâneo – é a divisão do tempo de cada um numa parte dedicada ao trabalho e noutra dedicada ao lazer. Mas essa realidade atual, por mais evidente que seja para nós, não deveria nos levar à crença enganosa de que terá sido sempre assim: a divisão entre tempo de trabalho e tempo livre – inexistente na Idade Média e no período que a sucedeu imediatamente – se consolidou apenas com o amadurecimento do modo de produção capitalista, isto é, após a chamada Revolução Industrial, que eliminou o trabalho produtivo realizado nas próprias casas dos trabalhadores (quase sempre com o auxílio de suas famílias), limitando as atividades à grande indústria: um estabelecimento exclusivamente dedicado à produção por meio de maquinário pesado, concentrando massas de operários em turnos de trabalho previamente estabelecidos.

Quando se mencionou que a diferenciação de momentos de trabalho e de lazer não existia no *Ancien Régime*, isso significa que no período feudal – e mesmo nos seus resquícios capitalismo adentro – as classes dominante e dominada não conheciam a distinção entre um tempo dedicado à produção da vida material e outro que poderia ser empregado em qualquer atividade não imediatamente produtiva, como, por exemplo, a diversão. Por um lado, a aristocracia, mesmo não tendo de se dedicar a qualquer forma de trabalho produtivo, reservava para si atividades que, não obstante seu caráter socialmente obrigatório, eram também consideradas prazerosas. Kaspar Maase sintetiza bem esse estado de coisas, quando afirma: "No *Ancien Régime*, os bailes e jantares, as festas e os concertos, as caçadas e a frequência às óperas eram parte integrante da vida cortesã e nobre" (Maase, 1997:38). Por outro lado, o horizonte vital das classes servis – e possivelmente também da burguesia em sua fase inicial – era dado pelo trabalho de sol a sol, com pouquíssimo tempo para qualquer atividade que extrapolasse a produção material. Esse exíguo período antes do sono preparador para a próxima jornada de trabalho, embora não deva ser entendido como tempo de lazer no sentido moderno do termo, provavelmente constituía o momento coletivo de se cantar e narrar, tempo que servia, ao mesmo tempo, como pretexto e elemento aglutinador para a comida e a bebida em comum.

Uma vez que o tipo de trabalho em questão era essencialmente rural, é evidente que o seu ritmo fosse obrigatoriamente determinado pelas estações do ano, gerando momentos de máxima exigência laboral e outros em que algum tempo livre poderia ser dedicado a atividades não materialmente produtivas. Talvez seja possível dizer que a origem da moderna concepção de lazer se encontre nesses períodos de menor exigência de trabalho, mas no sentido de que, a partir deles, surgiu um calendário de festas dedicadas aos santos padroeiros das diversas localidades, nas quais quermesses e mercados temporários eram a principal atração:

> Com o passar do tempo, as datas das festas e feiras locais eram tão coordenadas entre si, que numa mesma região, principalmente no fim do verão e no outono, quase não havia coincidências. Quem era bom andarilho, podia facilmente frequentar uma dúzia no mesmo ano (Maase, 1997:39).

Não apenas nossa noção atual de lazer deve ter tido aí sua origem, mas também outra, diretamente a ela associada, que é a de entretenimento. Se as mencionadas festas eram tão procuradas a ponto de gerar um trânsito entre as localidades em que se realizavam, isso significava a existência de uma aglomeração de pessoas que era vista como público potencial para artistas populares das mais diversas especialidades. Desse modo, no cardápio dessas festas não constavam apenas especialidades da lavoura e da culinária locais, mas também atrações como malabaristas, músicos, atores de pantomima etc.

1.2 Diferenciação entre tempo de trabalho e de lazer

Apesar da existência disso que poderia ser considerado um embrião da moderna noção de entretenimento, faltava a essa condição feudal a concepção tipicamente capitalista do trabalho não como algo orgânico, integrado na própria vida de quem o realiza, mas como mera condição de sobrevivência física. Para se entender melhor o significado desse fato, lembremos de sua avaliação feita pelo jovem Marx, nos *Manuscritos econômico-filosóficos*, como um dos aspectos mais evidentes do que ele chamou de trabalho alienado:

A atividade vital consciente diferencia o homem imediatamente da atividade vital do animal. Exatamente por isso ele é um ser genérico. (...) Somente por isso sua atividade é atividade livre. O trabalho alienado inverte a relação na medida mesma em que o homem, porque é um ser consciente, torna sua atividade vital, seu *ser*, num meio para sua *existência* (Marx, 1981a:89).

Independentemente da avaliação crítica que se possa fazer dessa característica do trabalho assalariado – pressuposto nas relações capitalistas de produção –, ela foi o fato imediatamente gerador da ideia de que o trabalho realizado por um indivíduo, apenas como meio da própria subsistência física e de seus familiares, deve pressupor um tempo em que o corpo do trabalhador pertença a si mesmo e não ao trabalho monótono e extenuante que ele tem que realizar junto à máquina e, principalmente, obedecendo ao ritmo dessa e não ao do seu próprio organismo.

Outro fator de reforço do surgimento da diferenciação entre tempo de trabalho e tempo de lazer foi o supramencionado estabelecimento das fábricas como espaçosos locais em que a labuta deveria ser realizada, o qual rompeu com uma situação comum – também aludida acima –, principalmente na Inglaterra dos primórdios do capitalismo, em que o trabalho era realizado nas casas dos operários, com ajuda dos seus familiares. O fato de o trabalho ter por parâmetro a quantidade produzida, não havendo um espaço e um tempo pré-estabelecidos nos quais se deveria laborar, dificultava a distinção entre os momentos dedicados ao cumprimento do contrato com o capitalista e aqueles que pertenciam ao próprio operário.

É inegável que, nos países mais industrializados, o desenvolvimento do capitalismo foi marcado inicialmente por uma superexploração da força de trabalho, a qual não permitia aos trabalhadores a realização de qualquer outra atividade a não ser aquela imediatamente dedicada à sua sobrevivência física: trabalhava-se um mínimo de 12 horas diárias (muitas vezes chegando a 15) e apenas o domingo, por questões religiosas, era resguardado da labuta. Ainda assim, tais condições foram a semente da concepção moderna da divisão do tempo entre trabalho e lazer. Para Kaspar Maase,

> a distinção de trabalho e lazer significou também um extraordinário ganho em liberdade. Trabalhadores e trabalhadoras assalariados dispunham então de tempos e espaços que eram livres de obrigações profissionais, de regulamentações legais e de controles senhoris. Eles possuíam meios financeiros próprios que podiam aplicar de modo determinado por eles próprios. Usufruto de lazer a partir de então se torna um fim em si mesmo, o conteúdo da vida (Maase, 1997:42).

É preciso, no entanto, levar em consideração que dessa possibilidade estava excluída, a princípio, a grande maioria da massa trabalhadora, cujos salários mal davam para obter o mínimo necessário para a sobrevivência física. Até que, nos países mais industrializados, como Inglaterra, França e Alemanha, fossem paulatinamente introduzidas leis que limitassem a jornada de trabalho, o usufruto do lazer propriamente dito era privilégio dos trabalhadores mais especializados, que não apenas percebiam salários maiores como tinham poder de barganha para negociar um tempo de trabalho mais curto do que a esmagadora maioria de operários sem praticamente qualquer conhecimento técnico específico.

1.3 A irrupção do entretenimento anterior à cultura de massas

Na medida em que a maior quantidade de tempo livre foi se generalizando na classe trabalhadora dos países mais industrializados, principalmente a partir da luta dos movimentos operários, mas também pela intervenção dos governos nacionais no sentido de garantir melhores condições de saúde pública, começou a surgir pela primeira vez na história a necessidade de meios de entretenimento de massa, nesse momento ainda concretizados pelos meios tradicionais das artes populares, de modo semelhante ao das mencionadas quermesses e feiras de origem medieval, mas com características físicas adaptadas a um número muito superior de participantes. Para isso contribuíram também as sensíveis melhorias nos transportes públicos (principalmente ferroviários), que davam maior mobilidade às massas trabalhadoras rumo aos seus destinos de entretenimento.

Um dos principais fenômenos desse período foi a multiplicação, inicialmente na Inglaterra, depois também na França, na Alemanha e nos Estados Unidos, de estabelecimentos chamados *music halls*, de frequência tipicamente operária, onde os trabalhadores comiam e bebiam, assistindo a shows de variedades, os quais destacavam números musicais e circenses. Outra especialidade dos *music halls* era a dança, através da qual operários e operárias tinham um tipo de contato físico que era considerado abusivo para os padrões morais da época. Também por isso – e não apenas pelas constantes brigas ocorridas entre os frequentadores que se excediam na bebida –, esses estabelecimentos sempre estiveram sob a mira da polícia em todos os países nos quais se multiplicaram nas últimas décadas do século XIX e no início do XX.

Esse é um período em que o surgimento de tempo livre para a classe trabalhadora foi marcado não apenas pela vigilância de autoridades policiais e legais, mas também por ações pedagógicas de entidades assistencialistas, leigas e religiosas, que se empenhavam em ministrar lições aos trabalhadores sobre como utilizar ordeira e frutiferamente, sem álcool e danças "lascivas", seu período de lazer. Aliás, não apenas embriaguez e diversões consideradas imorais eram condenadas e, se possível, proscritas, mas até mesmo entretenimentos – praticados ainda de modo "selvagem", se comparados aos padrões de hoje – como futebol, *rugby* e apostas em corridas de cavalos.

Por outro lado, os locais tradicionais de diversão das classes populares – quermesses e estalagens – não apenas se adaptavam para receber maior número de pessoas, mas também procuravam se modernizar, apresentando artistas cada vez mais profissionalizados. No caso dos *music halls*, artistas trocavam a condição prévia de nômades pela de assalariados dos proprietários desses estabelecimentos, na maior parte dos casos muito explorados por eles. Começa a se delinear, desse modo, ainda em escala muito pequena, a situação do entretenimento popular como um promissor ramo de negócios, que incluía também a edição de folhetins, vendidos ao preço de poucos centavos, com histórias adocicadas, em capítulos que se encerravam no momento de maior tensão da trama, no melhor estilo das telenovelas atuais (inclusive brasileiras).

É interessante também observar que a própria burguesia estava consolidada como classe dominante no capitalismo industrial havia relativamente pouco tempo e – excetuando-se suas parcelas radicalmente moralistas por motivos religiosos – buscava estabelecer o seu padrão de entretenimento, que, sob muitos aspectos, apresentava características semelhantes ao tipo de lazer tipicamente proletário que se encontrava em plena ascensão. Dentre elas, destacam-se os conteúdos das peças teatrais, literárias e musicais de mais fácil compreensão, considerando a condição da maior parte da burguesia como mais ativa e menos reflexiva (as exceções eram suas camadas mais cultas, que na Alemanha levavam o nome de *Bildungsbürgertum*). As diferenças entre o entretenimento proletário e o burguês eram mais exteriores: naquele, as casas de entretenimentos se localizavam nos subúrbios e deviam se parecer mais com galpões ou mesmo estábulos, enquanto os similares burgueses, localizados nas regiões mais nobres das cidades industrializadas, emulavam o brilho dos teatros e das casas de ópera legados pela classe dominante do período anterior, isto é, a aristocracia. Além disso, segundo Kaspar Maase, havia já uma tendência ao surgimento de uma cultura de massas que congregasse todos os estratos da população, marcada pela experiência comum de uma vida essencialmente urbana:

> Até aqui se falou do paralelismo das necessidades de entretenimento das camadas inferior e superior. Mas havia diversos tangenciamentos, influências mútuas e superposições. Seguramente nenhum trabalhador alugaria um camarote na ópera parisiense por 25.000 francos ao ano; sem dúvida um *gentleman* evitaria um *singing pub*. No todo, no século XIX, cresceu a delimitação social dos locais e das encenações do entretenimento; criaram-se e se desenvolveram mundos de lazer específicos de classe. Mas o Professor Rath, eternizado por Heinrich Mann em 1908, o qual caiu vítima dos encantos de uma cantora vulgar, não era o único caminhante secreto da fronteira. Palcos populares e feiras, grandes circos e panoramas atraíam visitantes das mais diferentes origens (Maase, 1997:62-3).

Até aqui, falou-se do contexto social em que surgiu a noção de entretenimento. Se se considera esse entretenimento do ponto de vista do conteúdo, é inevitável que se pense naquilo que ficou conhecido como *"kitsch"*. A palavra de origem alemã designa um objeto de forte apelo sensível e emocional que poderia ser identificado, na maior parte das vezes, como uma espécie de fraude, já que nunca é o que parece ser. Ele agrada as camadas mais amplas da população sem ter necessariamente (aliás, quase nunca o tem) um enraizamento na cultura propriamente popular. Nesse sentido, sua caracterização, em 1939, pelo crítico de arte norte-americano Clement Greenberg vem ao encontro do que já foi dito sobre a gênese do entretenimento moderno:

> Os camponeses que se estabeleceram nas cidades, formando o proletariado e a pequena burguesia, aprenderam a ler e escrever por razões de eficiência, mas não conquistaram o ócio e o conforto necessários para o desfrute da cultura tradicional da cidade. Contudo, como as novas massas urbanas tinham perdido o gosto pela cultura popular, ambientada no campo e, ao mesmo tempo, descoberto uma nova capacidade de tédio, passam a exigir da sociedade um tipo de cultura adequado a seu próprio consumo. Para satisfazer a demanda do novo mercado, criou-se uma nova mercadoria: a cultura de *Ersatz* [substituição/rd], o kitsch, destinada aos que, insensíveis aos valores da cultura genuína, estão contudo ávidos pela diversão que só algum tipo de cultura pode oferecer (Greenberg, 2001:32).

Fenômenos típicos da última década do século XIX e da primeira do século XX, tais como a aquisição do hábito de leitura de jornais e de romances (de amor para as mulheres e de aventuras para os homens) e a difusão de pianos nos lares da pequena burguesia mais cultivada (com o consequente consumo de partituras de canções da moda e música leve em geral) indicam que, em termos de mercado, tudo parecia estar pronto para o advento da cultura de massas, faltando para isso apenas os imprescindíveis meios tecnológicos.

1.4 A passagem para os meios da cultura de massas

O mais importante avanço nessa direção foram as invenções que, no final da década de 1880 e início da de 1890, possibilitaram o surgimento do cinema, das gravações sonoras e das transmissões de rádio. No caso da radiodifusão, Reginald Fessenden – um inventor canadense, empregado desde 1886 no laboratório de Thomas Edison – conseguiu fazer a primeira transmissão de sons por ondas de rádio na véspera do Natal de 1906, na qual executou ao violino *O, Holy night* ("Noite feliz") e leu um trecho do Evangelho segundo São Lucas (cf. Türcke, 2002:13).

Depois de mais bem-estabelecida tecnologicamente, a radiodifusão encontrou um uso militar durante a Primeira Guerra Mundial e apenas a partir do início da década de 1920 começaram as transmissões para ouvintes privados. Nessa época um receptor de rádio era caríssimo, de modo que o seu uso era bastante elitizado e a programação refletia essa restrição, havendo a transmissão quase exclusiva de música erudita, de leitura de obras literárias e/ou dramatizações de peças teatrais. Somente a partir de meados da década de 1930, quando a produção em massa de receptores tornou-os mais acessíveis, o rádio começou a se constituir como um meio típico da cultura de massas, inclusive com uma drástica redução de elementos da "alta cultura" nos programas e um acréscimo de transmissão de música popular, principalmente na forma de discos produzidos pela recém-estabelecida indústria fonográfica.

Pressuposto dessa indústria foi o rápido desenvolvimento da tecnologia de gravações de som: já em 1877, Thomas Edison conseguiu pela primeira vez registrar mecanicamente vozes humanas num cilindro de cera, num aparelho a que ele atribuiu o nome comercial de "fonógrafo". Esse aparelho tinha ainda grandes desvantagens, tais como a má qualidade de som e o fato de que cada gravação podia ser usada numa só audição. O aperfeiçoamento desse aparelho foi o "grafofone", de Alexander Graham Bell, cujos cilindros permitiam múltiplos usos de uma mesma gravação, mas tinham o inconveniente de exigir uma gravação por cilindro, não permitindo sua reprodução em série. O avanço decisivo nessa direção coube, em 1887, a um inventor de origem alemã, residente nos Estados Unidos, Emile Berliner, que, com seu "gramofone", eliminou os cilindros e introduziu os discos, inicialmente feitos de vidro, de zinco ou mesmo de plástico. A forma plana permitia a reprodução em série, a partir de um disco-mestre, o que facilitou a produção industrial, com a consequente inclusão da gravação sonora na categoria de meio da cultura de massas.

Emile Berliner foi também um exímio negociador de suas invenções, pois, pouco tempo depois de inventar o gramofone, fundou a empresa The Gramophon Company, para a qual contratou cantores como Enrico Caruso e Nellie Melba, num movimento que deu origem a gravadoras importantes no período posterior como a Deutsche Grammophon e a Gramophone Co. inglesa. Depois de estabelecer o desenho de Francis Barraud do cãozinho ouvindo o gramofone (*His Master Voice*, "A Voz do seu Mestre") como logomarca do seu invento, Berliner vendeu o direito de fabricação à Victor Talking Machine Company (RCA), que iniciou a produção massiva dos aparelhos.

A princípio, tanto os gramofones quantos os discos com gravações musicais eram muito caros, excluindo, na prática, a imensa maioria das populações dos países mais industrializados, composta principalmente de trabalhadores, de setores de classe média e de pequena burguesia. Com o passar do tempo, a economia de escala permitiu um barateamento dos custos de produção, o qual ocasionou um surto de consumo de discos e de aparelhos reprodutores. Por volta de 1908, a Deutsche Grammophon fabricou 6 milhões e 200 mil discos e, em 1913, a francesa Pathé vendia diariamente 9 mil discos e 500 "Pathé-phones" (marca comercial dos seus aparelhos reprodutores). Esse fato ocasionou uma transformação ainda não ocorrida na situação do entretenimento moderno, a saber, o consumo privado de produtos culturais:

> Fonógrafo e gramofone foram os primeiros aparelhos de comunicação que eram usados preferencialmente no entretenimento privado. Eles transformaram a música numa mercadoria tecnicamente reproduzida e individualmente consumível ao bel prazer (Maase, 1997:92).

No que tange ao cinema, houve uma história semelhante quanto à invenção da aparelhagem, mas com um tipo de uso – preferencialmente coletivo – muito diferente. Enquanto nos Estados Unidos o mesmo Thomas Edison produtor do "fonógrafo" inventava o "cinetoscópio", considerado a primeira câmara capaz de captar imagens em movimento, na França, pouco tempo depois, os irmãos Lumière pediam a patente do seu equipamento similar, o "cinematógrafo".

A partir da rápida proliferação desses aparatos nas casas de diversão das grandes cidades europeias (e, quase simultaneamente, também das norte-americanas), ocorre o momento em que podemos ver claramente a transição de uma cultura de entretenimento ainda feita com meios tradicionais para aquilo que se convencionou chamar de "cultura de massas", realizada majoritariamente com meios tecnológicos de reprodução e de difusão de sons e imagens. Kaspar Maase aponta para o fato de que os filmes, a princípio, figuravam como números finais de shows populares de variedades nos *music halls* e estabelecimentos semelhantes, passando, depois de poucos anos, a ser o prato principal dessas apresentações:

> [em 1903/rd] O filme ainda era integrado como número de conclusão. Poucos anos depois, a mais nova das artes começou a ascensão a meio principal de uma cultura popular, que deveria realizar, a seu modo, o sonho da obra de arte total. Nos programas dos *varietés*, nos locais de entretenimento das cidades e nos destinos de excursões, pouco depois de 1900, o panorama completo das modernas artes de massa já estava montado (Maase, 1997:107).

Após um período de mostras itinerantes de filmes, começam a surgir os estabelecimentos voltados exclusivamente para a exibição de cinema, sendo que, nas primeiras décadas do século XX, eles se multiplicam nas principais cidades dos países mais industrializados da Europa. Nesse mesmo período surgiram nas regiões proletárias das grandes cidades norte-americanas os *nickelodeons*, ou seja, salas em que, por uma moedinha, poder-se-ia assistir a apresentações cinematográficas curtas (cerca de meia hora de projeção). Essa multiplicação de salas de exibição cinematográfica foi, naturalmente, resultado de uma espécie de demanda reprimida por um meio de entretenimento acessível às massas e que, de algum modo, refletisse sua recém-adquirida experiência das metrópoles industriais.

É interessante observar que, até que o cinema adquirisse a característica de um espelho da vivência coletiva de então, para o grande público ele não passava de uma novidade tecnológica, em que eram retratadas pessoas apressadas nas grandes cidades, trens em movimento e saídas de operários das fábricas. Apenas quando a narratividade popular – já bastante exercitada nos folhetins e nos romances de amor ou de aventura – foi aplicada ao novo meio, os filmes atraíram efetiva e definitivamente a atenção das massas. Ao tratar do destino da imitação da realidade na história das artes visuais, Arthur Danto lembrou oportunamente que,

> se os filmes, por exemplo, não tivessem se tornado narrativos, nosso interesse na mera exibição do movimento se empalideceria – afinal de contas, podemos ver as coisas reais quantas vezes quisermos. E eu penso que é geralmente o caso, que, a menos que a mímesis seja transformada em diégese, ou narrativa, uma forma de arte morre por diminuição do entusiasmo (Danto, 1986:97).

Voltando a considerar o contexto sócio-histórico de surgimento da cultura de massas, uma das constatações mais evidentes é a de que ele se deu inicialmente por meio de uma concentração de capital no ramo do entretenimento. Pois, mesmo que na fase imediatamente anterior já tivesse havido uma notável profissionalização dos artistas e do pessoal de apoio à produção dos espetáculos populares, a monta de investimento necessária para um empresário tocar o negócio era ainda relativamente pequena (sobretudo se fosse um *music hall* na periferia de alguma metrópole industrial). Com o advento dos meios tecnológicos – especialmente do cinema –, mesmo o custo de manutenção de uma sala de exibição era proporcionalmente muito mais alto; os custos de produção de um filme eram, então, comparativamente, astronômicos. Um indício disso é que, nos seus primórdios, a indústria cinematográfica era muito concentrada em poucos países, havendo, na Europa, um claro predomínio da França: as produções próprias na Inglaterra e na Alemanha não chegavam a um quinto do consumo, enquanto as empresas francesas dominavam os cinemas de todo o continente (cf. Maase, 1997:109).

Por outro lado, nos Estados Unidos, por volta de 1908, portanto no período anterior ao surgimento dos grandes estúdios em Hollywood, não havia uma produção própria que atendesse à crescente demanda. Desse modo, "mais da metade dos 4.000 filmes lançados anualmente [nos EUA/rd] vinham da França, da Alemanha e da Itália. Raramente o tema americano do *rags to riches* [ascensão da miséria à riqueza/rd] ou o motivo do velho oeste era retratado" (May, 1983:37).

O que se observou acima sobre a permeabilidade social do entretenimento moderno na Europa, mesmo antes de os meios de massa se consolidarem plenamente, é reforçado com a proliferação das salas de exibição de filmes: apesar de eles serem, a princípio, dirigidos preferencialmente a um público mais amplo, de origem principalmente proletária, seu poder de sedução tendia a estabelecer um tipo de flexibilização no contato entre as classes sociais que a cultura tradicional não permitia: mesmo nos "palácios" de projeção de filmes (nome comumente dado aos cineteatros maiores, mais bem localizados e mais luxuosos) o espaço não era dividido por estratos sociais e/ou econômicos, como ocorria, por exemplo, nos teatros convencionais e nas casas de ópera. Nos Estados Unidos, essa "vocação" dos cinemas para serem um espaço compartilhado por diversas camadas sociais era uma tendência ainda mais evidente. Lary May, para quem "paulatinamente, os observadores começaram a reparar que os filmes também dirigiam apelo a uma audiência que atravessava linhas de classe" (May, 1983:36), lembra ainda que esse fenômeno se refletiu também na própria arquitetura das salas de exibição:

> As "catedrais" dos filmes pareciam oferecer uma redenção secular; os assentos não divididos por classes e a mistura sexual de ambos os gêneros numa arena anteriormente de classe baixa sugeria uma interrupção na formalidade. Depois de 1914, essa interrupção foi intensificada quando o classicismo abriu caminho para estilos arquitetônicos que misturavam cultura estrangeira, baixa e alta, conjuntamente (May, 1983:166).

Exatamente nesse período, ocorre o fato que pode ser considerado o marco inicial da moderna cultura de massas: a ascensão de Hollywood como principal centro produtor de filmes em bases verdadeiramente industriais. Por volta de 1910 já havia na Costa Leste dos Estados Unidos, principalmente em Nova York, Chicago e Filadélfia, muitos estúdios de produção cinematográfica pertencentes a anglo-saxões, os quais produziam filmes dirigidos a uma classe trabalhadora urbana, composta principalmente por imigrantes das mais diversas origens, com um conteúdo quase sempre moralista e potencialmente "disciplinador" das massas. Nessa época entraram em cena vários judeus, emigrados da Europa Central e do Leste, no fim do século XIX, principalmente em virtude de violentas perseguições antissemitas nas suas regiões de origem. Quase todos chegaram a Nova York numa situação próxima do miserável, trabalharam como mascates e comerciantes de roupas, tornando-se depois proprietários de *nickelodeons* de subúrbios – posteriormente de áreas nobres – de grandes cidades da Costa Leste dos EUA. Provavelmente porque perceberam que a oferta dos produtos cinematográficos norte-americanos não estava totalmente adequada à demanda por entretenimento de uma qualidade mais onírica e menos moralista, alguns desses judeus se lançaram à tarefa de produzir os filmes a serem exibidos nos seus "palácios", encontrando, a princípio, grandes dificuldades. A primeira era o custo dos financiamentos, que pode ser contornado pela oferta dos teatros como garantia; pesavam também os custos de produção em cidades como Nova York, que se encontrava na região de maior carestia dos EUA da época. Mas talvez o principal obstáculo fosse o cartel de Thomas Edison, que restringia as produções sob a alegação de que sua invenção do cinetoscópio era patenteada, sendo que, em muitos casos, essa objeção aparentemente judicial era fachada para a censura por parte de uma elite anglo-saxônica pautada por valores morais e políticos hiperconservadores, oriundos do vitorianismo.

Mesmo com todas as vantagens de se produzir em Nova York, que já possuía uma indústria cinematográfica considerável, facilidades de comunicação, transportes e divulgação dos filmes, os mencionados emigrantes judeus se sentiram atraídos pelas facilidades oferecidas pelo governo estadual da Califórnia, principalmente no tocante ao baixo preço de grandes extensões de terras e de uma legislação eficiente contra a formação e a atuação de sindicatos de trabalhadores, o que barateava os custos de produção. Desse modo, mesmo que a administração das suas empresas tenha permanecido em Nova York, depois de 1910 grandes estúdios cinematográficos começaram a ser construídos na Califórnia. O primeiro empreendimento de monta foi a construção, por Carl Laemmle, em 1913, da "Universal City", sendo que, até 1920, todas as principais empresas de entretenimento de imigrantes judeus (as "oito grandes", ou *big eight*: Universal, Paramount, Warner,

Columbia, 20th Century-Fox, Metro-Goldwin-Mayer, United Artists e Radio-Keith-Orpheum) tinham construído estúdios gigantescos, principalmente na pequena localidade que ficou conhecida como a Meca da produção cinematográfica:

> Antes de 1916, Hollywood não tinha sido mais do que uma sonolenta comunidade de mudas de laranjeiras. Mas depois que a indústria se mudou para o oeste, ela passou a simbolizar os frutos da tela e do paraíso de Los Angeles. Não era o local dos estúdios; de fato, era quase um lugar mítico onde o pessoal do cinema gastava dinheiro com expressão pessoal (May, 1983:189).

"Expressão pessoal" tem um significado importante aqui, pois, ao lado da organização, pela primeira vez na história, de um ramo de entretenimento em bases de grande indústria e com uma estrutura empresarial que emulava os enormes conglomerados – formados nas décadas anteriores – dos âmbitos da economia tradicional, a mudança da indústria cinematográfica para o sul da Califórnia representava uma espécie de "novo começo" em termos morais e de sociabilidade, sem a rígida estratificação consolidada na Costa Leste dos EUA. Isso tinha uma repercussão não apenas imediata, vivencial, para milhares de pessoas (atores e atrizes, roteiristas, cenógrafos, produtores etc.) que se mudaram para a Califórnia, atraídas pelas recém-criadas oportunidades de trabalho, mas também uma ressonância claramente ideológica, considerando todo o público, não apenas norte-americano, que passaria a ver nos astros e estrelas dos filmes – e nos seus personagens – um ideal de vida que deveria ser seguido: beleza e vigor físicos em meio a um paraíso natural de montanhas, florestas, campos e mar; prometendo, além disso, uma mobilidade social nunca antes imaginada como concretamente possível.

Capítulo 2

O surgimento da Teoria Crítica da indústria cultural

2.1 O advento da Teoria Crítica da Sociedade

No capítulo anterior, destacou-se o papel dos movimentos de trabalhadores organizados no processo de redução da jornada de trabalho e da aquisição de direitos laborais. Embora houvesse parcelas desses movimentos que eram meramente reformistas e se contentariam com os avanços na legislação trabalhista e com o estabelecimento de um estado de bem-estar social, um setor bastante forte do operariado organizado era revolucionário, tendo como objetivo último a derrocada do sistema capitalista e a instituição de regimes socialistas, comunistas ou mesmo anarquistas. Nos países europeus mais industrializados, surgiram desde fins do século XIX partidos que representavam essas tendências e uma convicção entre eles era a de que, houvesse o que houvesse, o capitalismo estava com os dias contados. O advento da Revolução Russa, em 1917, que instituiu o primeiro Estado comunista da história, inspirou movimentos operários e partidos políticos de esquerda em todo o mundo no sentido de mostrar que o que parecia antes impossível já tinha, pelo menos uma vez, se tornado realidade.

Na Alemanha, que tinha tido uma industrialização comparativamente tardia, mas despontara como o país que mais crescera economicamente nas últimas décadas do século XIX, o movimento de trabalhadores se fortalecera enormemente, sendo que as tendências mais à esquerda tinham nele uma influência decisiva. Dentre elas, destacava-se a liga "Spartacus", que, em novembro de 1918, se tornou o Partido Comunista Alemão. No mês seguinte, esse grupo apoiou uma greve geral de trabalhadores, deflagrada em virtude da política agressivamente antioperária do Partido Social-Democrata Alemão (SPD), no início da República de Weimar, numa ação que levou ao episódio que ficou conhecido como "Levante Spartacus" (*Spartkusaufstand*). A reação por parte dos setores conservadores foi fulminante e ocasionou a prisão e o assassinato de inúmeros comunistas, inclusive dos importantes líderes Rosa Luxemburg e Karl Liebknecht, por uma milícia apoiada pelos social-democratas que se encontravam no poder.

Esse fato gerou um impasse na possibilidade de entendimento político entre a esquerda e o centro – então representado pela social-democracia –, com repercussões nas posições das vertentes teóricas mais críticas. Pois os comunistas tendiam, nas suas posições, a uma subserviência à linha ortodoxa do Partido Comunista Russo, que se encontrava no poder desde 1917, o que inviabilizava discussões teóricas mais aprofundadas, mesmo tendo como base o pensamento de Karl Marx. Como os social-democratas, havia algum tempo, já tinham dado sua guinada à direita, esse tipo de discussão também não teria espaço nas suas fileiras. Nesse quadro de inibição de discussões teóricas à direita e à esquerda, muitos intelectuais de esquerda se sentiam desestimulados a empreender uma ação política propriamente dita. Uma possível solução para o problema seria a criação de grupos de discussão não imediatamente filiados aos partidos políticos. Uma dessas iniciativas foi a de Felix Weil, filho de um judeu alemão – Hermann Weil – que emigrara para a Argentina e se enriquecera como exportador de grãos. Weil, que era, então, recém-doutorado em ciência política e ideologicamente próximo das vertentes comunistas, organizou, no verão de 1922, em Ilmenau – uma pequena cidade da província alemã da Turíngia –, a "Primeira Semana Marxista de Trabalho", a qual reuniu expoentes do pensamento marxista da época como Georg Lukács e Karl Korsch. Os participantes consideraram o evento bastante produtivo e já tinham em mente o que seria o tema do próximo encontro, quando Felix Weil propôs algo mais ousado: por à disposição a parte que lhe caberia na herança do pai para fundar um instituto que deveria se dedicar à pesquisa da situação social, econômica e política do mundo contemporâneo, de modo totalmente não dogmático ou partidário, mas tendo como fundamento o marxismo. Esse estabelecimento teria que adquirir respeitabilidade acadêmica e, para isso, deveria estar associado a uma universidade alemã, de boa reputação científica, que fosse suficientemente liberal para abrigar um instituto com essas características. Não haveria muitas opções no conservador cenário acadêmico alemão e a escolha recaiu sobre a Universidade de Frankfurt, que aceitou sediar o estabelecimento, desde que ele não fosse denominado "Instituto para o Marxismo", como queriam Weil e o seu grupo.

Surgiu desse modo, em 1924, o "Instituto para a Pesquisa Social" (IPS), que, mesmo não ostentando o nome que os seus idealizadores desejavam, instituiu pela primeira vez na história um ambiente acadêmico, de pesquisa, totalmente inspirado pelo pensamento de Marx. Do ponto de vista administrativo, no entanto, houve percalços, pois o primeiro pesquisador escolhido para ser o diretor do instituto, Kurt Gerlach, morreu subitamente e o acadêmico apontado para sucedê-lo, Karl Grünberg, apenas quatro anos depois de assumir a direção, por motivo de grave enfermidade, teve de se afastar.

Esse fato abriu uma crise na administração do estabelecimento, pois o Ministério da Educação prussiano não aceitaria para sua direção um nome ligado ao Partido Comunista, enquanto Weil gostaria de preservar o caráter de esquerda adquirido desde o início do funcionamento do instituto. Nesse período, Friedrich Pollock assumiu interinamente sua direção e a situação só foi resolvida em 1932, com a propositura de Max Horkheimer ao cargo. Esse filósofo, até então pouco conhecido, tinha proximidade com o pensamento de Marx, mas estava longe de ser um marxista ortodoxo, até porque possuía um sólido conhecimento de idealismo alemão e alimentava simpatias pela psicanálise – âmbitos considerados desvios ideológicos pelos seguidores do marxismo ortodoxo. Tais características da formação intelectual de Horkheimer foram fundamentais para o surgimento daquilo que ficou posteriormente conhecido como "Teoria Crítica da Sociedade".

2.2 A ascensão do nazismo e a fuga para os Estados Unidos

A gestão de Horkheimer na sede do instituto em Frankfurt não durou muito, pois, com a chegada ao poder dos nazistas em 1933, suas instalações foram invadidas e o estabelecimento foi fechado sob a alegação de ser um reduto de comunistas (que, além disso, eram, em sua maioria, judeus). Mesmo com a sede do instituto tendo sido transferida para Genebra, na Suíça, a percepção de seus membros era a de que não apenas a Alemanha, mas toda a Europa não estaria segura para judeus de esquerda enquanto os nazistas detivessem o poder. Nesse contexto, Horkheimer, juntamente com alguns companheiros do instituto, emigrou em 1934 para os Estados Unidos, onde, mediante um convênio com a Columbia University, de Nova York, começou a funcionar o "Institute for Social Research".

Em 1937, Horkheimer publicou na *Revista para a Pesquisa Social*, que ele havia fundado na época do instituto em Frankfurt, seu texto "Teoria tradicional e teoria crítica", que ficou conhecido como um escrito programático do que seria essa nova vertente do pensamento filosófico. Segundo Horkheimer, a teoria tradicional, embasada no cálculo matemático e no método experimental, era o paradigma de um tipo de racionalidade voltada apenas para os meios e negligente com relação aos fins, o que se coaduna com o seu ideal de "neutralidade científica". Porém, em certos contextos, esse ideal pode levar a teoria tradicional a compactuar com verdadeiras monstruosidades, tornando-a — diferentemente do que afirmam seus defensores — muito mais destrutiva do que construtiva. Por outro lado, a teoria crítica, ao não perder de vista os fins do conhecimento, trata os próprios dados sensíveis como ambivalentes, na medida em que designam o mundo material como apenas potencialmente humano, já que, em termos imediatos, ele é dominado pelo capital. Esse tipo de teoria é voluntária e programaticamente não neutra, já que o sobrepeso das forças reificadoras gera injustiças gritantes, diante das quais uma teoria nunca poderia transigir, a pretexto de manter sua neutralidade científica.

Esse texto de Horkheimer ainda não apresenta a teoria crítica na sua forma mais radical e contundente, mas é de uma enorme lucidez no tocante à existência de um novo regime na ordem capitalista, que não é mais a liberal — aquele dos tempos em que Marx fez suas penetrantes análises críticas —, mas monopolista, ou seja, baseado numa concentração de capital tão grande que não há mais espaço para a competição econômica real entre os capitalistas, passando a ser a concorrência mais uma ideologia auxiliar na crítica aos regimes comunistas, nos quais, segundo esse ponto de vista, não haveria "liberdade de mercado". Nesse quadro, a classe trabalhadora ou é cooptada pelo acesso a serviços mais essenciais (saúde, educação básica, aposentadoria etc.) e a pequenos privilégios como mais lazer e mais consumo de objetos supérfluos, como ocorre nas democracias formais, ou é duramente reprimida e objeto de bombardeio ideológico fundado em mitologias arcaicas, como foi o caso do fascismo e do nazismo. Um dos resultados desse processo é o quase aniquilamento do ímpeto revolucionário do proletariado e uma certa orfandade na transformação social, que Horkheimer procura compensar com o recurso "aos pequenos grupos dignos de admiração" (Horkheimer, 1988:211), nos quais a verdade teria se refugiado.

Mais ou menos por ocasião da publicação desse texto, chegou a Nova York um antigo colaborador do instituto, oito anos mais novo que Horkheimer, com quem este iniciaria uma parceria teórica para toda a vida. Theodor Adorno doutorara-se e obtivera sua livre-docência em filosofia com o mesmo professor de Horkheimer, Hans Cornelius, e compartilhava com o diretor do IPS a competência em filosofia clássica alemã e a proximidade com a teoria psicanalítica. Além dessas credenciais, Adorno era músico de formação erudita, estando muito bem qualificado para analisar criticamente produtos da música de massa, até em seus detalhes formais mais específicos. Aliás, Adorno foi chamado a Nova York para trabalhar num projeto coordenado por Paul Lazarsfeld sobre a música na radiodifusão comercial norte-americana, depois de tentar sobreviver na Europa como crítico musical, na Alemanha, e como bolsista do Merton College, em Oxford (Inglaterra). No primeiro caso, sua condição de meio-judeu dificultava muito as coisas; no segundo, o próprio Adorno, que anteriormente já havia começado a lecionar na Universidade de Frankfurt, resistia à ideia de se ver regredido à condição de "estudante avançado".

Em 1940, depois do recrudescimento da perseguição nazista aos opositores do regime e do início da guerra, Horkheimer decidiu, ao que parece também por questões econômicas, se mudar para o sul da Califórnia, tendo sido seguido por Adorno e por sua mulher, Gretel. Subjacente a essa mudança estava um antigo projeto de Horkheimer de escrever um livro de peso sobre a dialética, para o qual, entre inúmeros possíveis colaboradores, Adorno fora escolhido como parceiro teórico.

Nesse mesmo ano, chegou ao círculo de judeus e intelectuais de esquerda alemães emigrados da Califórnia a notícia da morte de Walter Benjamin, que cometera o suicídio na fronteira da França com a Espanha por desespero diante da possibilidade concreta de ser capturado pelos nazistas. Essa notícia deixou especialmente Adorno muitíssimo abalado, já que Benjamin tinha sido um dos seus amigos e interlocutores filosóficos mais próximos no período do ocaso da República de Weimar. Alguns meses depois, chegaram às mãos de Adorno manuscritos inéditos de Benjamin, que esse filósofo tinha entregado a um portador, imediatamente antes de morrer, com a recomendação de que fossem encaminhados ao "amigo Adorno". Tratava-se de seus aforismos, publicados posteriormente com o título *Sobre o conceito da história*, cuja leitura fascinou Adorno e também Horkheimer. Entre penetrantes reflexões sobre a temporalidade e a historicidade, figura nesse opúsculo uma afirmação que deve ter calado fundo nesses filósofos que se preparavam para iniciar a redação do supramencionado livro sobre a dialética: "Nunca houve um monumento da cultura que não fosse também um monumento da barbárie" (Benjamin, 1994:225).

Reflexões dessa natureza, assim como fatos históricos, tais como o acirramento da perseguição aos judeus (e a outros grupos declarados inimigos) e o início da Segunda Guerra Mundial, com a consequente invasão da França, decerto determinaram uma inflexão no projeto da obra sobre a dialética: provavelmente, em outro contexto histórico, ela seria mais "clássica" e menos contundente. Mas, de qualquer modo, a feição que o livro foi adquirindo naqueles anos negros da história da humanidade não deixava de retomar colocações anteriores de Horkheimer (como as que mencionamos acima, relativas ao ensaio "Teoria tradicional e teoria crítica") e de Adorno (por exemplo, de seus escritos anteriores sobre a situação social da música), aprofundando e radicalizando, no entanto, o momento propriamente crítico. Embora a primeira versão, terminada em 1944, mimeografada e distribuída apenas ao círculo próximo do IPS, ostentasse o título de "Fragmentos filosóficos", nela já estava presente a ideia central da obra que se tornou conhecida, a partir de sua edição em forma de livro em 1947, como *Dialética do esclarecimento*. Até mesmo sob o aspecto formal, essa obra já não apresentava nada de "clássico", pois ela é assim composta: um texto teórico sobre a dominação da natureza e seus efeitos colaterais, seguido de dois excursos (um sobre a *Odisseia*, outro sobre a moral do esclarecimento); um texto sobre a indústria cultural, outro sobre o antissemitismo e ainda uma seção de fragmentos que exploram aspectos específicos da ideia central da dialética do esclarecimento.

Tal ideia central é que, nos primórdios de sua existência, a humanidade foi compelida pelo seu instinto de autoconservação a se defender das forças naturais (intempéries, animais ferozes, enfermidades etc.), sempre que possível, aprendendo a dominá-las pelo progressivo desvendamento racional dos seus segredos. No estágio inicial desse processo, a carência de conhecimento efetivamente científico ocasionou a existência de uma mitologia, a qual explicaria os fenômenos naturais por meio da ação de divindades, de forças místicas etc. Com o desenvolvimento das ciências, tais explicações mitológicas foram se tornando paulatinamente desnecessárias e foi surgindo uma consciência de que os mitos eram a expressão de um tipo de obscurantismo que deveria ser eliminado. Essa foi a ideologia que se consolidou principalmente no Iluminismo e chegou ao apogeu com o positivismo. Em que pese ao caráter desmistificador — portanto, emancipatório — desse ponto de vista, Horkheimer e Adorno demonstram que essa mentalidade esclarecedora, quando não é acompanhada de reflexão, de crítica, promove o mergulho da humanidade numa sujeição à natureza pelo menos tão grande quanto aquela originária. Mas, à diferença dela, uma vez que o mundo natural se encontra totalmente dominado, a sujeição aqui é a uma segunda natureza, quer dizer, a um mundo construído pelo homem que, no entanto, não é expressão de sua liberdade, apresentando um comportamento tão cego e opressor quanto o era o da natureza originária, que ameaçava a humanidade na Pré-História.

Nesse quadro, os autores afirmam que a disjunção radical, propalada pelo positivismo, entre mito e racionalidade (o próprio esclarecimento) é insustentável. Isso porque, por outro lado, o mito já continha algo da racionalidade que o sucedeu:

> A própria mitologia pôs em movimento o infindável processo do esclarecimento, no qual, com necessidade inelutável,

toda visão teórica determinada sempre cai vítima da crítica destruidora de ser apenas uma crença, até que os próprios conceitos do espírito, da verdade, até mesmo do esclarecimento, transformaram-se em feitiçaria animista (Horkheimer e Adorno, 1981:27).

Por outro lado, Horkheimer e Adorno reconhecem na superdesenvolvida ciência contemporânea traços do raciocínio de tipo mitológico, que marcou o início do desenvolvimento desse processo: "O princípio da imanência, da explicação de todo acontecer como repetição [ciência/rd], o qual o esclarecimento defende contra a imaginação mítica, é aquele do próprio mito" (Horkheimer e Adorno, 1981:28).

Cada uma das outras seções, dos excursos, ou dos fragmentos da *Dialética do esclarecimento* levam em conta essa ideia central, desenvolvida no capítulo inicial, "Conceito de esclarecimento", de modo que o excurso "Ulisses ou mito e esclarecimento" retoma a posição de que o protagonista da *Odisseia*, ainda que isso pareça anacrônico, é, na sua proverbial astúcia, uma protoforma do burguês, empreendedor e "esclarecido" (no sentido unilateral proposto pelos autores). O próximo excurso, "Juliette ou esclarecimento e moral", recoloca a ideia da consumação do esclarecimento como recaída na mitologia, na medida em que, por trás do suposto hedonismo das heroínas do Marquês de Sade estaria um conceito de produtividade e de eficiência, muito próximo ao da prática contemporânea da razão instrumental. Por isso, Horkheimer e Adorno aproximam o pensamento de Sade tanto da genealogia nietzschiana quanto – numa posição que até hoje desperta polêmica – ao do formalismo moral kantiano. Será objeto de consideração da próxima seção a relação dos dois outros capítulos da *Dialética do esclarecimento*, "Indústria cultural.

Esclarecimento como mistificação das massas" e "Elementos do antissemitismo", com a ideia central da obra.

2.3 A crítica à indústria cultural no contexto da *Dialética do esclarecimento*

Antes de mostrar a conexão da crítica à indústria cultural com a ideia de uma "dialética do esclarecimento", seria interessante chamar a atenção para o seu embasamento na vivência prática, por parte de Horkheimer e Adorno, daquele momento inicial da cultura de massas, descrito no primeiro capítulo deste livro, tanto na Europa (especialmente na Alemanha) quanto nos EUA. Aos autores não passou despercebido, mesmo ainda no período europeu do seu trabalho filosófico, o quanto o entretenimento havia se tornado central na vida das massas urbanas, compostas principalmente de trabalhadores fabris, funcionários, pequenos comerciantes etc. O momento de criação e do início de pleno funcionamento do IPS era já o do cinema e da indústria fonográfica (baseada principalmente na venda de música "popular") consolidados na Europa. Além disso, o sistema de radiodifusão se preparava, nesse continente, para dar o salto rumo ao rádio comercial, tal como o conhecemos hoje. Tendo em vista que os pesquisadores do instituto estavam atentos às estratégias do capitalismo monopolista no sentido de, se não obter adesão das massas, pelo menos afastá-las de possíveis simpatias com os movimentos socialistas que se mostravam ainda fortes nesse momento, certamente não fugiu à sua observação que a cultura de massas era – mesmo com as resistências que ela despertava nos setores moralmente conservadores – parte desse processo. Exemplos disso são os textos de Adorno "Sobre a situação social da música" (1932) e "Sobre o jazz" (1936).

No entanto, após a transferência do instituto para Nova York e, especialmente, após a mudança de Horkheimer e Adorno para o sul da Califórnia, esses autores perceberam que o que estava em questão era muito mais do que apenas um ramo de negócios apto a suprir a crescente demanda das massas por entretenimento e lazer. O processo, descrito no capítulo anterior, de traslado dos estúdios cinematográficos para Hollywood, pode ser considerado uma espécie de "revolução industrial" dentro do negócio do entretenimento, cuja produção fabril até então não era realizada nos moldes dos grandes conglomerados do capitalismo monopolista e, a partir de então, passou a sê-lo não apenas no que tange ao gigantismo das instalações (os estúdios eram verdadeiras cidades, como o indica o nome "Universal City", adotado por um deles), mas também no modelo administrativo e até mesmo na cartelização da distribuição dos produtos: os *big eight* possuíam sua própria rede de exibição em todos os estados da federação e os pequenos exibidores ficavam totalmente à mercê dos estúdios, tendo de aceitar todas as suas imposições para não deixar de exibir os filmes para os quais havia maior demanda.

O estilo de vida apresentado não apenas nos filmes hollywoodianos, mas também – talvez principalmente – na realidade cotidiana dos seus astros e estrelas, sinalizava uma existência sensível aparentemente feliz e ensolarada, na medida do possível, livre das rígidas hierarquias e dos códigos de conduta que caracterizavam as elites tanto da Europa quanto da Costa Leste norte-americana. Por outro lado, do ponto de vista do então novo capitalismo monopolista, era a propositura de um método de adaptação a um mundo econômico sem brechas, totalmente determinado pelo ritmo da maquinaria de produção e da programação para o consumo supérfluo, que, por sua vez, deveria realimentar a produção. Era o que os autores chamaram de "mundo administrado", no prefácio à segunda edição da *Dialética do esclarecimento*.

Exatamente por isso, Horkheimer e Adorno evitaram, sempre que possível, denominar o fenômeno que estavam pioneiramente estudando apenas de "cultura de massas", cunhando para ele o termo, hoje bastante aceito, apesar de alguma resistência, de "indústria cultural". Os detalhes da conexão da crítica à indústria cultural com a ideia central da *Dialética do esclarecimento* ficarão mais claros na abordagem específica, feita no próximo capítulo, mas, ainda assim, é possível dizer que, pelas características do modelo norte-americano de cultura de massas, imediatamente percebidas pelos autores, tornou-se muito evidente que a indústria cultural era a própria consumação da supramencionada "segunda natureza", irreconciliada e opressiva, no âmbito daquilo que outrora tinha sido a atividade espiritual dos indivíduos. Em outras palavras, era a invasão da esfera da cultura pela reificação pontencializada do esclarecimento.

Para Horkheimer e Adorno é sintomático o fato de que o momento de consolidação da indústria cultural, com o funcionamento dos grandes estúdios em Hollywood, seja também o da ascensão do totalitarismo na Europa. De fato, quando o fascismo chega ao poder na Itália, em 1922, já está em gestação o projeto totalitário dos nazistas, que assumirão o Estado alemão em 1933. Para esses autores, não se trata de mera coincidência: indústria cultural e totalitarismo são apenas duas versões, respectivamente "liberal" e autoritária, do mesmo movimento histórico que engendrou a fase monopolista, não concorrencial, do capitalismo no seu primeiro movimento de mundialização.

Tendo em vista esse fato e também que a ideologia nazista, de cuja perseguição Horkheimer e Adorno foram vítimas diretas, tem como um dos seus pilares o antissemitismo, os autores incluíram na *Dialética do esclarecimento* um capítulo que tenta compreender filosoficamente esse abominável fenômeno da cultura moderna e contemporânea. É interessante observar que o que eles entendem por antissemitismo vai muito além da milenar discriminação dos judeus, sendo mais uma disposição subjetiva (na maior parte das vezes, inconsciente) dos indivíduos em acatar acriticamente os ditames do capitalismo tardio em sua versão essencialmente autoritária. Embora a investigação, feita por Horkheimer e Adorno, enfoque as motivações econômicas, sociais, políticas e religiosas específicas do antissemitismo, eles não substancializam o ser judeu, de modo que tanto as vítimas quanto os algozes desse processo podem se intercambiar, de acordo com a constelação:

> E como as vítimas são intercambiáveis segundo a conjuntura: vagabundos, judeus, protestantes, católicos, cada uma delas pode tomar o lugar do assassino, na mesma volúpia cega do homicídio, tão logo se converta na norma e se sinta poderosa enquanto tal (Horkheimer e Adorno, 1981:195).

Para proceder à pesquisa da disposição subjetiva que leva ao antissemitismo, Horkheimer e Adorno iniciam com uma análise do que eles chamam de "falsa mímesis". Falsa, porque a tendência à imitação é, como já lembrava Aristóteles em sua *Poética*, conatural ao ser humano; por meio dela, a criança aprende a falar, a andar e a viver no mundo que precedeu o seu nascimento. Quando essa tendência natural à imitação é ideologicamente explorada para fins de dominação, ela se torna falsa, pois leva às últimas consequências o esforço adaptativo, colocando-o à frente até mesmo de sentimentos morais, como a compaixão, a solidariedade e a responsabilidade.

Aquilo que Benjamin chamara de "estetização da política" (cf. Benjamin, 1994:196) é o catalisador disso que Horkheimer e Adorno chamam também de "mímesis da mímesis":

> O sentido da formalidade fascista, da disciplina ritual, dos uniformes e do aparato pretensamente irracional é possibilitar o comportamento mimético (mímesis da mímesis). (...) O fascismo é totalitário também no fato de que ele se esforça para tornar a rebelião da natureza oprimida contra a dominação imediatamente útil à dominação (Horkheimer e Adorno, 1981:209).

Embora a falsa mímesis seja uma condição subjetiva indispensável, ela, por si só, não seria suficiente para a adesão a processos políticos totalitários. Pelo menos tão importante quanto ela – provavelmente, mais importante ainda – é a falsa projeção, que é definida por Horkheimer e Adorno numa relação de simetria para com aquela:

> O antissemitismo repousa sobre a falsa projeção. Ela é a contraparte da autêntica mímesis – muito aparentada com a recalcada –, talvez mesmo com o traço de caráter patológico, no qual essa se precipita. Se a mímesis torna-se igual ao meio ambiente, então a falsa projeção torna o meio ambiente igual a si (Horkheimer e Adorno, 1981:211-212).

Esse ato subjetivo (majoritariamente inconsciente) de tornar o exterior igual ao interior liga-se a um ponto de vista dos autores, de acordo com o qual a ideia kantiana de um aparato *a priori*, que, não obstante estar localizado no sujeito, produz conhecimento objetivo, é combinado com a noção freudiana da projeção como mecanismo de defesa através do qual o psiquismo expurga da consciência um conteúdo inaceitável – potencialmente autodestrutivo – por meio de sua atribuição a outrem, que passa a ser o seu objeto de perseguição. Isso leva à posição de que a diferença entre um conhecimento objetivo da realidade e um delírio paranoico (do tipo apresentado coletivamente pelos nazistas) é dada apenas pela atuação de um elemento fortemente reflexivo no sujeito do conhecimento, mediante o qual as contribuições subjetiva e objetiva na cognição são contínua e profundamente avaliadas.

Por isso, o típico antissemita é também o que Horkheimer e Adorno chamam de "semiculto", ou seja, alguém que hipostasia o conhecimento mediano que possui, como se fosse a verdade absoluta, exatamente por não perceber o quanto a imagem que ele tem da realidade exterior é produto de sua falsa projeção – um conteúdo não problematizado por uma reflexão que validaria o seu conhecimento exatamente por relativizá-lo, encará-lo como constituído subjetivamente a partir de signos oriundos da realidade externa. É interessante observar que, se indústria cultural e totalitarismo são, como já se observou, respectivamente o modelo liberal e o autoritário das sociedades tardocapitalistas, a semicultura é o elemento que liga intimamente tais modelos, enquanto cristalização das condições subjetivas de obediência tanto ao consumo dirigido quanto à prática política manipulada:

> Finalmente, sob as condições do capitalismo tardio, a semicultura tornou-se o espírito objetivo. Na fase totalitária da dominação, ela vociona os charlatães provincianos da política e, com eles, o delírio como *ultima ratio* e o impinge à maioria dos administrados, domados pela grande indústria e pela indústria cultural (Horkheimer e Adorno, 1981:223).

Capítulo 3

Os operadores da indústria cultural segundo a crítica de Horkheimer e Adorno

3.1 A manipulação retroativa

No primeiro capítulo, vimos como a cultura de massas surgiu como um modo de suprir a crescente demanda de amplas camadas populacionais por entretenimento, valendo-se de meios tecnológicos recém-inventados, tais como o cinema, o rádio e as gravações sonoras em disco. Realmente, é inegável que o que justificou imediatamente todo o investimento feito pelos empresários do entretenimento para modernizá-lo e ingressar definitivamente na indústria cultural foi a enorme procura por esse tipo de serviço.

Mas há um aspecto, levantado por Horkheimer e Adorno logo no início do capítulo sobre a indústria cultural na *Dialética do esclarecimento*, que diz respeito não à quantidade das mercadorias culturais – garantida pela produção em massa –, mas à sua qualidade. A mais superficial das considerações desse aspecto qualitativo dos produtos da indústria cultural constata o seu baixíssimo nível formal e de conteúdo. Os autores observam que os responsáveis pela cultura de massa não demonstram qualquer drama de consciência por oferecerem produtos de tão baixa qualidade, porque, segundo sua própria justificativa, eles proporcionariam à massa nem mais nem menos do que ela deseja. Desse modo, uma vez que eles representam interesses privados na pura e simples lucratividade, não sendo entidades filantrópicas ou educacionais, não se pode reprová-los por essa conduta:

> Os padrões resultariam originariamente das necessidades dos consumidores: eis por que são aceitos sem resistência. Na verdade, isso é o círculo de manipulação e necessidade retroativa, no qual a unidade do sistema concentra-se cada vez mais densamente. Cala-se, aqui, sobre o fato de que o solo, sobre o qual a técnica adquire poder sobre a sociedade, é o poder daqueles economicamente mais fortes sobre a sociedade (Horkheimer e Adorno, 1981:142).

Nessa ideia da "manipulação retroativa" encerra-se o segredo de a indústria cultural atender à demanda das massas e, simultaneamente, impor determinados padrões, tanto de consumo quanto de comportamento moral e até mesmo político. Um certo tipo de ajuste da oferta à demanda existe (e sempre existiu) efetivamente: Lary May relata que Samuel Goldwin, fundador da Metro-Goldwin-Mayer, tinha o costume de se colocar, durante uma projeção normal, de costas para a tela e de frente para a plateia, de modo a perceber o mais precisamente possível as reações do público a cada cena e, com isso, acumular conhecimentos sobre o gosto popular (cf. May, 1995:171). Naturalmente, com o desenvolvimento da indústria cinematográfica, esse método rudimentar foi substituído por enquetes e pesquisas de opinião pública, tratados por métodos estatísticos, os quais proporcionam resultados muito mais precisos. De qualquer modo, esse fato demonstra que, desde os seus primórdios, houve a preocupação dos magnatas dos grandes estúdios em agradar ao máximo sua clientela. No entanto, Horkheimer e Adorno asseveram que, nessa satisfação mínima de demandas do público, encontram-se embutidos atos de violência, oriundos do comprometimento tanto econômico quanto ideológico da indústria cultural com o *status quo*: ela precisa, por um lado, lucrar, justificando sua posição de próspero ramo de negócios; por outro, ela tem de ajudar a garantir a adesão (ou, pelo menos, a apatia) das massas diante da situação precária em que elas se encontram no capitalismo tardio.

A partir de uma experiência não totalmente compartilhada por Horkheimer e Adorno (que faleceram, respectivamente, em 1971 e 1969), poderíamos reforçar esse seu ponto de vista lembrando que, de lá para cá, a qualidade das mercadorias culturais piorou muitíssimo, a ponto de muitas daquelas produções que foram criticadas pelos autores por suas deficiências estéticas, hoje poderem ser consideradas obras-primas (esse, aliás, é o significado do rótulo atual *"cult"*). Esse fato aponta para uma possível elucidação ulterior da falácia dos apologetas da indústria cultural ao declararem que dão às massas o que elas desejam: para esse ramo de negócios é interessante não apenas manter as mais amplas camadas da população num estado de ignorância, mas, tanto quanto possível, cultivar e ampliar essa ignorância, pois, além de isso (não sempre, mas frequentemente) garantir a adesão ao *status quo*, também influencia no custo total das produções. Um público com aspirações estéticas mais sofisticadas não se contentaria com a paupérrima banalidade que é servida como prato principal no "horário nobre". Certamente, um público mais culto, por conseguinte esteticamente mais exigente, implicaria uma escalada de custos que poderia vir a comprometer a rentabilidade da indústria cultural.

3.2 A usurpação do esquematismo

O direcionamento das atitudes dos consumidores da cultura de massa é, como já se observou diversas vezes, um de seus principais objetivos sistêmicos, sob a capa da simples satisfação da real demanda por entretenimento e diversão. Um dos mais importantes procedimentos para realizar esse objetivo é o que Horkheimer e Adorno denominaram "usurpação (ou expropriação) do esquematismo". Esse termo remete ao capítulo da *Crítica da razão pura*, de Immanuel Kant, relativo ao "esquematismo dos conceitos puros do entendimento", para cuja compreensão faz-se necessária uma abordagem sucinta do conceito de "faculdade do juízo", isto é, de nossa capacidade de subsumir casos específicos sob regras gerais. Antes disso, é importante lembrar que, para Kant, nossa sensibilidade — nossa faculdade de intuições — é inteiramente separada de nosso entendimento, ou seja, nossa faculdade de conceitos e, uma vez que, para a obtenção de conhecimento válido sobre o mundo exterior, necessitamos de uma confluência de ambas as faculdades, surge um intrincado problema que seria o de determinar como elas podem trabalhar concertadamente sem se descaracterizarem como âmbitos de nossa psique totalmente independentes entre si.

Voltando à nossa rápida consideração da faculdade do juízo, segundo Kant, ela é, em geral, um talento peculiar que distingue aquele que sabe aplicar as regras corretamente daquele que apenas as conhece, sendo que sua insuficiência radical coincide com uma forma de estupidez (cf. Kant, 1976:193-194). A parte da doutrina transcendental da faculdade do juízo que trata das condições sensíveis sob as quais as categorias – ou conceitos puros do entendimento – podem se referir a objetos externos (dados a nós por meio de intuições sensíveis) é chamada, por Kant, de "esquematismo dos conceitos puros do entendimento". Para ele, tendo em vista a supramencionada separação entre a sensibilidade e o entendimento, a subsunção de intuições empíricas sob as categorias é problemática porque nessas nada há de propriamente empírico, enquanto aquelas dependem de impressões sensíveis ocasionadas por objetos exteriores ao sujeito. Não havendo possibilidade de um relacionamento direto entre essas parcelas, em virtude de sua total heterogeneidade, e tendo em vista que, sem essa confluência, não poderia haver conhecimento objetivo do mundo externo, resta o recurso a um tipo de mediação:

> Então é claro que deveria haver um terceiro elemento que deve estar em igualdade, por um lado, com a categoria e, por outro, com o fenômeno e torna possível a aplicação daquela e esse. Essa representação mediadora deve ser pura (sem qualquer elemento empírico): por um lado, entretanto, intelectual; por outro lado, deve ser sensível. Uma representação desse tipo é um esquema transcendental (Kant, 1976:197).

Tal "esquema", para Kant, possui uma natureza especialmente temporal, sendo a condição formal para a apreensão da multiplicidade por aquilo que o autor chama de "sentido interno" e, ao mesmo tempo, da mesma natureza que a mencionada categoria (conceito puro do entendimento), já que é universal e repousa sobre uma regra *a priori*:

> Por isso será possível uma aplicação da categoria aos fenômenos mediante a determinação transcendental do tempo, a

qual, enquanto o esquema dos conceitos do entendimento, medeia a subsunção dos últimos sob a primeira (Kant, 1976:198).

Desse modo, segundo Kant, o esquema pode ser entendido como um método de tornar comensurável uma imagem a um conceito puro do entendimento, quer dizer, a uma categoria, o que é possível porque para cada esquema há uma categoria correspondente. Isso nos interessa diretamente para a compreensão do modo como percebemos os fenômenos exteriores a nós, pois "os esquemas dos conceitos puros do entendimento são, portanto, as únicas e verdadeiras condições de proporcionar a esses uma relação a objetos e, com isso, significado" (Kant, 1976:203).

Essa "relação a objetos", para Kant, é produzida por um processo que tem como centro a autoconsciência de um sujeito que se percebe a si mesmo como o dono de suas percepções. Ao se apropriarem do conceito kantiano de esquematismo, Horkheimer e Adorno o fazem para mostrar em que medida a indústria cultural, uma instância exterior ao sujeito – industrialmente organizada no sentido de proporcionar rentabilidade ao capital investido –, usurpa dele a capacidade de interpretar os dados fornecidos pelos sentidos segundo padrões que, originariamente, lhe eram internos:

> A função que o esquematismo kantiano ainda atribuía ao sujeito, a saber, referir de antemão a multiplicidade sensível aos conceitos fundamentais, é tomada ao sujeito pela indústria. Ela executa o esquematismo como primeiro serviço a seus clientes. Na alma deveria funcionar um mecanismo secreto, o qual já prepara os dados imediatos de modo que eles se adaptem ao sistema da razão pura. O segredo foi hoje decifrado. Se também o planejamento do mecanismo por parte daqueles que

agrupam os dados é a indústria cultural e ela própria é coagida pela força gravitacional da sociedade irracional – apesar de toda racionalização –, então a maléfica tendência é transformada por sua disseminação pelas agências do negócio em sua própria intencionalidade tênue. Para os consumidores nada há mais para classificar, que não tenha sido antecipado no esquematismo da produção. A arte para o povo desprovida de sonhos preenche aquele onírico idealismo, que para o criticismo ia longe demais. Tudo vem da consciência, em Malebranche e Berkeley da consciência de Deus; na arte para as massas, da consciência terrena das equipes de produção (Horkheimer e Adorno, 1981:145-146).

Com isso, Horkheimer e Adorno afirmam que a expropriação do esquematismo, típica da indústria cultural, gera uma previsibilidade quase absoluta nos seus produtos, a qual é o correlato subjetivo da padronização dos produtos, que, por sua vez, é oriunda do supramencionado mecanismo de manipulação retroativa. Os autores dão poucos exemplos de como isso funciona, mas um deles, em relação à música de massa, é introduzido logo adiante: "O ouvido treinado é perfeitamente capaz, desde os primeiros compassos, de adivinhar o desenvolvimento do tema e sente-se feliz quando ele tem lugar como previsto" (Horkheimer e Adorno, 1981:146). Esse processo de assimilação imediata da mercadoria cultural em função de sua previsibilidade contrasta imensamente com a experiência da arte autônoma, não dominada pelos imperativos da lucratividade e da geração de conformidade ao *status quo*. Um dos primeiros tópicos do capítulo sobre a cultura de massas da *Dialética do esclarecimento* que caracterizam essa arte autônoma é a discussão sobre o estilo, a qual aponta também para o modo como a indústria cultural dele se apropria.

3.3 A domesticação do estilo

De acordo com Horkheimer e Adorno, à assimilação automatizada das mercadorias culturais corresponde um procedimento totalizante de confecção, no qual o que os autores entendem como a dialética todo-partes fica inteiramente comprometido. Quando algum procedimento semelhante ocorre nas obras de arte propriamente ditas, a totalidade da obra não precondiciona a ocorrência dos momentos particulares; na prática isso significa que, na arte autêntica, os detalhes adquiriram um valor posicional que não foi mais respeitado pela fabricação em série de mercadorias culturais: "emancipando-se, o detalhe tornara-se rebelde e, do romantismo ao expressionismo, afirmara-se como expressão indômita, como veículo do protesto contra a organização. A tudo isso deu fim a indústria cultural mediante a totalidade" (Horkheimer e Adorno, 1981:146-147).

É exatamente tendo em vista essa diferença no tratamento do elemento particular no âmbito da obra de arte e da mercadoria cultural que a discussão da noção de "estilo" é introduzida pelos autores. Para eles, a totalização que se transfere ao produto como consequência de sua completa funcionalidade, tendo em vista a valorização econômica e a manutenção ideológica do capital, supera em muito a coerção exercida no passado, na esfera da grande arte burguesa, pelo estilo enquanto momento universalizador, que chegava mesmo aos limites da coerção. Adorno e Horkheimer observam que a indústria cultural vai muito além desse desejo de universalidade que caracterizara o apogeu da arte autônoma, primando pelo fornecimento de clichês prontos para a aplicação em seus produtos, sendo que a esse fornecimento, como se viu na consideração da manipulação retroativa e da usurpação do esquematismo, corresponde a imposição de uma chave unitária de leitura dos mesmos: "A tradução estereotipada de tudo, até mesmo do que ainda não foi pensado, no esquema da reprodutibilidade mecânica supera em rigor e valor todo verdadeiro estilo" (Horkheimer e Adorno, 1981:148-149).

Para Adorno e Horkheimer ocorre no âmbito da indústria cultural, mais do que propriamente uma "superação" do estilo, uma espécie de "revelação" do seu conceito: ele se torna, por meio dela, transparente. Isso, segundo os autores, ocorre porque aquele elemento coercitivo, que desde sempre fora inerente ao estilo (apesar de sua manifestação propriamente artística procurar escapar disso), revela-se, no âmbito da indústria cultural, em toda sua plenitude enquanto falsa identidade do universal e do particular:

> A reconciliação do universal e do particular, da regra e da pretensão específica do objeto, que é a única coisa que pode dar substância ao estilo, é vazia, porque não chega mais a haver uma tensão entre os pólos: os extremos que se tocam passaram a uma turva identidade, o universal pode substituir o particular e vice-versa (Horkheimer e Adorno, 1981:151).

Cumpre assinalar que esse intercâmbio entre universal e particular, que, segundo os autores, confere significado ao estilo, só seria verdadeiro, tanto no cerne do objeto estético quanto fora dele, se não houvesse a coerção da totalidade no âmbito social, ou, em outras palavras, se o processo de dominação não estivesse tão flagrantemente instalado na sociedade. É exatamente essa desproporção entre o universal (a totalidade do "mundo administrado") e o particular (indivíduo), com o consequente esmagamento desse por aquele, que leva à discussão, feita pelos autores da *Dialética do esclarecimento*, sobre o trágico e sua desfuncionalização pela indústria cultural.

3.4 A despotencialização do trágico

Antes de abordar especificamente a questão do trágico no capítulo sobre a indústria cultural da obra conjunta de Horkheimer e Adorno, seria interessante enfocar dois temas a ela relacionados: o primeiro deles é a "catarse", ligado, no âmbito da cultura de massas, àquele traço da mercadoria cultural que intensifica o seu "valor de uso", ou seja, sua capacidade de, mediante estímulos cada vez mais feéricos, produzir uma espécie de purgação, semelhante ao efeito que Aristóteles atribuíra à tragédia grega (Aristóteles, 1982:27). Na *Dialética do esclarecimento*, os autores associam o significado da *catarse* ao modo como a indústria cultural enfoca a sexualidade, já que a palavra grega *kátharsis* possuía também o significado médico de "limpeza", "purificação", inclusive no sentido de que o ato sexual realiza um tipo de descarga das tensões nervosas represadas (cf. Rey Puente, 2002:10-27). Se a catarse, tal como ocorria na tragédia grega, dependia para sua realização da provocação, no espectador, de "temor e compaixão", no plano da indústria cultural ela ocorre apenas enquanto higiene espiritual pura e simples:

> A fusão atual da cultura e do entretenimento não se realiza apenas como depravação da cultura, mas igualmente como espiritualização forçada da diversão. Nesse sentido, a diversão realiza a purificação das paixões que Aristóteles já atribuía à tragédia (...). Assim como ocorreu com o estilo, a indústria cultural desvenda a verdade sobre a catarse (Horkheimer e Adorno, 1981:166).

O outro tema, intimamente relacionado com o do trágico, abordado imediatamente antes desse no capítulo sobre a indústria cultural, é o do "ser genérico". Como já se viu, esse termo era empregado pelo jovem Marx para designar o indivíduo que representa de modo privilegiado o gênero ao qual pertence. Por isso, na constituição de uma situação verdadeiramente trágica, o "ser genérico" é um elemento importante, já que é exatamente o valor exemplar das atitudes assumidas pelo herói o que reconcilia o indivíduo com a totalidade. Essa reconciliação, como é amplamente sabido, passa pelo sacrifício de sua integridade física ou até de sua própria vida, fato mediante o qual o aparecimento do "temor e da compaixão" no espectador efetua a supramencionada purgação no seu espírito, predispondo-o também para uma atitude que favorecia ao tipo de sociabilidade praticada na Grécia Antiga.

De acordo com Adorno e Horkheimer, a impossibilidade de ocorrer no âmbito da indústria cultural uma *catarse* no sentido estrito liga-se à impossibilidade do autêntico trágico, na medida em que a cultura de massas não apenas desqualifica o sujeito, como também mina as condições para o seu aparecimento e desenvolvimento. Quando os autores afirmam que a "indústria cultural realizou maldosamente o homem como ser genérico" (Horkheimer e Adorno, 1981:168), eles têm em vista que o ser genérico, em vez de se realizar a partir da constituição do indivíduo, resulta de um processo de massificação, no qual não pode haver a aludida representação do gênero por parte do indivíduo porque mesmo a sua ideia perde totalmente o sentido:

> A starlet deve simbolizar a empregada de escritório, mas de tal sorte que, diferentemente da verdadeira, o grande vestido de noite já parece talhado para ela. Assim, ela fixa para a espectadora, não apenas a possibilidade de também vir a se mostrar na tela, mas ainda mais enfaticamente a distância entre elas. (...) A semelhança perfeita é a diferença absoluta. A

identidade do gênero proíbe a dos casos (Horkheimer e Adorno, 1981:167-168).

Levando em consideração sua possível apropriação ideológica, para fins de coesão social nas cidades-estado gregas, Horkheimer e Adorno não deixam de ver certa continuidade entre a tragédia ática e os produtos da indústria cultural, ressalvando, no entanto, que o que na primeira liga-se a uma função social explícita, mediada por um processo de sublimação, nos últimos faz parte de uma estratégia de dominação e de aprisionamento das consciências com objetivos de manutenção do *status quo* e de lucratividade, sem qualquer ganho em termos éticos e/ou estéticos. As diferenças, porém, entre as tragédias gregas e as mercadorias culturais são, na verdade, muito maiores do que à primeira vista poder-se-ia supor, pois, mesmo não se podendo, na Grécia Antiga, falar de uma subjetividade no sentido moderno do termo, a categoria do trágico pressupõe a existência de um indivíduo (o próprio herói trágico) sensível a uma situação trágica, na qual sua consciência experimenta um forte dilaceramento, ocasionado por conflitos de forças sobre as quais ele não tem o mínimo controle.

Outra dificuldade para a realização do autêntico trágico no âmbito da indústria cultural, além da supramencionada perda de substancialidade do sujeito, é a clara intenção dessa de anestesiar o espectador, de modo que não haja mais lugar para a *experiência* do sofrimento e, consequentemente, para sua expressão. É importante lembrar que essa experiência, desde a Antiguidade clássica, era tida como purificadora, no único sentido que poderia justificar a *kátharsis*, tal como se assinalou acima. A experiência do sofrimento é substituída, na indústria cultural, por um tipo de entorpecimento que tem como objetivo imediato auxiliar na superação das dificuldades: "Muito longe de simplesmente encobrir o sofrimento sob o véu de uma camaradagem improvisada, a indústria cultural põe toda a honra da firma em encará-lo virilmente nos olhos e admiti-lo com um fleuma difícil de manter" (Horkheimer e Adorno, 1981:174).

Tendo em vista essa atitude de banalização do sofrimento e da supressão de possibilidade de sua expressão estética, Adorno e Horkheimer indicam a completa deturpação do trágico pela indústria cultural, a qual ocorre mediante uma relação parasitária para com a arte autêntica, na qual poderia ainda haver uma sobrevida da substância verdadeiramente trágica. Segundo eles, apesar da aludida despotencialização do sofrimento, torna-se necessária uma caricatura da tragédia para preencher o enorme vazio de conteúdo que, forçosamente, faz parte das mercadorias culturais:

> A mentira não recua diante do trágico. Assim como a sociedade total não dá cabo do sofrimento de seus integrantes, apenas o registra e planeja, do mesmo modo a cultura de massa procede com o trágico. Daí vêm os insistentes empréstimos à arte. Ela fornece a substância trágica que a pura diversão não pode por si só trazer, mas da qual ela precisa, se quiser se manter fiel de uma ou de outra maneira ao princípio da reprodução exata do fenômeno (Horkheimer e Adorno, 1981:174).

Dessa forma, o trágico, de "resistência desesperada à ameaça mítica" que era, fica reduzido à "ameaça da destruição de quem não coopera" (Horkheimer e Adorno, 1981:14-15), querendo isso dizer que o terrível destino do herói trágico é traduzido em termos de um "aviso" para aqueles que possuem comportamento desviante em relação ao estabelecido pelo *status quo*, de um modo que invalida inteiramente a *hybris* do herói como uma absolutamente necessária *transgressão* de normas vigentes. Desse modo fica mais do que evidente a relação supraestabelecida entre a liquidação do trágico e o processo de totalização social, o qual pode, aliás, culminar com a pura e simples eliminação do indivíduo, numa situação em que

> Todos podem ser como a sociedade todo-poderosa, todos podem se tornar felizes, desde que se entreguem de corpo e alma, desde que renunciem à pretensão de felicidade (...). Hoje o trágico dissolveu-se neste nada que é a falsa identidade da sociedade e do sujeito, cujo horror ainda se pode divisar fugidiamente na aparência nula do trágico (Horkheimer e Adorno, 1981:176-177).

Exatamente essa "pseudoindividualidade", que elimina a possibilidade de os indivíduos se tornarem sujeitos, fazendo-os "meras encruzilhadas das tendências do universal" (Horkheimer e Adorno, 1981:178), torna possível reintegrá-los completamente na universalidade, porém, de um modo que não é o do espírito reconciliado, após a experiência do sofrimento. É por isso que a representação do trágico no âmbito da indústria cultural se esgota na imagem de um indivíduo atomizado que passa por dificuldades e as supera, saindo da situação do mesmo modo que entrou, segundo a fórmula do *getting into trouble and out again*, ou "meter-se em apuros e depois sair" (Horkheimer e Adorno, 1981:175), a qual, segundo Hokheimer e Adorno, se originou nas operetas centro-européias e teve sua banalidade totalmente transferida para os esquemas das mercadorias culturais.

3.5 O fetichismo das mercadorias culturais

Cumpre relembrar a versão original, marxista, do fetichismo da mercadoria, tal como se encontra no primeiro capítulo do tomo I de *O capital*, antes de enfocar sua versão aplicável aos produtos culturais, estabelecida por Horkheimer e Adorno na *Dialética do esclarecimento*. Ao estabelecer o conceito de *valor* como determinado pelo tempo médio, socialmente necessário, para a fabricação dos produtos demandados por uma sociedade específica, levando em conta obrigatoriamente seu estágio de desenvolvimento das forças produtivas, Marx pensa na mercadoria como um objeto que ostenta, dialeticamente ligados a esse valor *tout court*, um valor de uso – índice da sua utilidade social – e um valor de troca, o que quer dizer: uma equivalência com outras mercadorias, de modo que se torna possível o intercâmbio entre elas. Naturalmente, no sistema capitalista plenamente desenvolvido, por um lado, o valor *tout court* se realiza do modo mais perfeito, em função da existência da maquinaria, a qual facilita, inclusive, sua mensurabilidade; por outro lado, a trocabilidade, típica do valor de troca, é pensada preferencialmente em função do que Marx chama de "forma equivalente do valor", que é a de uma mercadoria-curinga que pode ser posta no lugar de qualquer outra, isto é, o dinheiro.

Depois de exaustivamente analisadas as relações entre valor, valor de troca e valor de uso numa mercadoria, Marx se propõe a analisar o que ele chama de seu "caráter de fetiche". Segundo ele, esse caráter de fetiche da mercadoria se origina no fato de sua natureza de coisa esconder relações sociais, de exploração do trabalho pelo capital, que, de fato, a produz. Essa é a razão pela qual a mercadoria se torna algo misterioso, místico e "metafísico": apesar de ser um objeto inanimado, parece ter vida própria, fora do controle tanto daqueles que o produzem quanto daqueles que o consomem. Para Marx, isso ocorre porque

> Não está escrito na testa do valor o que ele é. O valor transforma, antes, qualquer produto de trabalho num hieróglifo social. Mais tarde as pessoas tentam decifrar o sentido do hieróglifo, ir atrás do segredo de seu próprio produto social, pois a determinação dos valores de uso enquanto valores é tanto um produto social quanto a linguagem (Marx, 1981b:88).

É interessante observar que, antes da formulação da *Dialética do esclarecimento* sobre o fetichismo nas mercadorias culturais, Theodor Adorno propôs no seu texto "O fetichismo na música e a regressão da audição", de 1938, um modelo para se entender o fetichismo que adere à mercadoria cultural. Segundo Adorno, enquanto na mercadoria comum o caráter de fetiche tem como objetivo a ocultação da qualidade de valor-trabalho que ela possui, mediante a idolatria que o seu aspecto de coisa desperta, no qual as relações de exploração ficam como que submersas, no bem cultural a suposta ausência de valor de uso se transforma, ela própria, em valor de uso.

Quando Adorno pensa num valor de uso apenas suposto no bem cultural, ele o faz tendo em vista o Kant da *Crítica da Faculdade do Juízo*, para quem o objeto que pode ser considerado belo – especialmente o oriundo da natureza – não possui qualquer utilidade prática imediata, o que implica que o juízo que fazemos sobre ele é desprovido de qualquer interesse, embora seja universal e necessário. Segundo Kant, esse ajuizamento não obedece à forma habitual – lógica – de atribuição de um predicado a um sujeito, mas se realiza por um sentimento de prazer desinteressado, que pode ser comungado por todos quantos se puserem na presença desse mesmo objeto. Tais características fazem com que o juízo estético, para Kant, seja *sem conceito*, oriundo apenas do que ele denomina "livre jogo da imaginação e do entendimento" (Kant, 1986:132). Como já se sugeriu, o correlato objetivo desse "livre jogo" é o que Kant considera uma *finalidade apenas formal*, o que, na prática, significa que a coisa bela – que pode ser uma obra da bela arte ou um objeto da bela natureza – não tem uma utilidade imediatamente explicitada naquela apreensão, que, não obstante, sinaliza sua "beleza". No que diz respeito a essa ausência de finalidade "material", definitória do juízo de gosto – portanto, também presente no objeto que o ocasiona –, Kant se expressa da seguinte maneira:

> Portanto nada pode haver a não ser a finalidade subjetiva na representação do objeto, sem qualquer fim (seja subjetivo ou objetivo); consequentemente a mera forma da finalidade na representação, através da qual um objeto nos é dado, na medida em que dela estamos conscientes e o agrado, o qual nós, sem conceito, ajuizamos como universalmente comunicável, perfazem, com isso, o fundamento da determinação do juízo de gosto (Kant, 1986:135).

Tendo em vista tais considerações de Kant sobre o juízo de gosto, Adorno assevera, no texto sobre o fetichismo na música, que, sob o predomínio da cultura massificada, a presumida inutilidade do bem cultural, em vez de subverter o caráter mercantil do produto, acaba por reforçar o caráter de valor de troca que ele, numa sociedade capitalista, necessariamente possui:

> Certamente o valor de troca se impõe no âmbito dos bens culturais de um modo peculiar. Pois esse âmbito aparece no

mundo das mercadorias exatamente como subtraído do poder da troca e essa aparência é novamente aquilo somente a que os bens culturais devem seu valor de troca. Ao mesmo tempo eles estão completamente integrados no mundo das mercadorias, são confeccionados para o mercado e se guiam pelo mercado. Tão densa é a aparência de imediatidade quanto a coerção do valor de troca inabalável. O endosso da sociedade harmoniza a contradição. A aparência de imediatidade apodera-se do mediato, do próprio valor de troca (Adorno, 1982:20).

Na retomada da argumentação análoga à presente no texto "O fetichismo na música e a regressão da audição", Horkheimer e Adorno enfatizam, no capítulo sobre a indústria cultural da *Dialética do esclarecimento*, a extensão do caráter de fetiche da mercadoria a todo o âmbito da cultura, explicitando de modo ainda mais claro algo que ficara apenas implícito no texto de 1938, a saber, a relação da concepção kantiana da "finalidade sem fim" com a noção marxiana de fetichismo.

Esse relacionamento se dá pela inversão, operada pela indústria cultural, da ausência de vínculo dos objetos considerados belos a desígnios imediatos da vida prática, tal como a pensaram Kant e o idealismo alemão, de modo que a possível ausência do valor de uso num bem cultural torna-se, potencialmente, um incremento no seu valor de troca: "O princípio da estética idealista, a finalidade sem fim, é a inversão do esquema a que obedece socialmente a arte burguesa: a falta de finalidade para os fins determinados pelo mercado" (Horkheimer e Adorno, 1981:181). Em outras palavras, a autonomia da arte permite que a indústria cultural efetue uma espécie de sobrevalorização de suas mercadorias, não – como na mercadoria convencional – em função de sua utilidade, mas de sua virtual "inutilidade", de sua exclusão da lista dos gêneros de primeira necessidade, fazendo, desse modo, com que elas adquiram certa "nobreza", aquele tipo de charme próprio de tudo que é "supérfluo". Isso significa que a ausência de valor de uso, que nas mercadorias comuns significa a pura e simples exclusão do mercado, na mercadoria cultural é o passaporte para o estabelecimento de um valor de troca quantitativamente superior, embora, do ponto de vista qualitativo, atingindo o seu ponto nevrálgico, acabe por destruir a sutil dialética entre utilidade e inutilidade, típica dos objetos estéticos. O que resta, segundo Horkheimer e Adorno, é apenas o valor de troca da ostentação:

> O que se poderia chamar de valor de uso na recepção dos bens culturais é substituído pelo valor de troca; ao invés do prazer, o que se busca é assistir e estar informado, o que se quer é conquistar prestígio e não se tornar um conhecedor. (...) O valor de uso da arte, seu ser, é considerado como um fetiche, e o fetiche – a avaliação social que é erroneamente entendida como hierarquia das obras de arte – torna-se seu único valor de uso, a única qualidade da qual elas desfrutam (Horkheimer e Adorno, 1981:181-182).

Para finalizar este capítulo, é interessante observar que todos os operadores da indústria cultural, na visão crítica de Horkheimer e Adorno, têm como pressuposto uma comparação das mercadorias culturais, enquanto produto típico da cultura de massas, com as obras de arte propriamente ditas, as quais tiveram o seu apogeu na fase consolidada do capitalismo liberal. Para os autores, embora tais obras sejam de origem burguesa, o requinte de sua elaboração (o que eles chamam de sua "lei formal") é um modo de encapsulamento – de cifragem – de anseios de liberdade e de emancipação que dizem respeito à humanidade como um todo e não apenas à burguesia, característica que contrasta com a mercadoria cultural, cujo horizonte se limita à satisfação da demanda das massas por entretenimento, proporcionando grande lucratividade aos seus investidores, ao mesmo tempo em que se coloca à disposição do capitalismo tardio para ajudar a garantir a manutenção de sua ordem injusta e excludente.

O diagrama abaixo mostra como mercadorias culturais (esquerda) e obras de arte (direita) cumprem ciclos paralelos, ao mesmo tempo, praticamente, simétricos, nos quais, de acordo com o que se propõe aqui, o estilo e a catarse, embora com um funcionamento diferente em cada um deles, seriam um possível ponto de tangenciamento entre os dois âmbitos claramente separados.

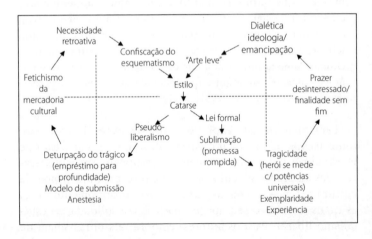

Capítulo 4

Retomadas do tema da indústria cultural na obra de Adorno

Observando-se a carreira filosófica de Horkheimer e Adorno após a publicação da *Dialética do esclarecimento*, é fácil constatar que o tema da indústria cultural continuou sendo um importante foco de pesquisa especialmente para esse último, aparecendo com um aporte crítico tanto em obras imediatamente posteriores, como *Minima moralia* e *Filosofia da nova música*, quanto naquelas que caracterizam o último período do pensamento do filósofo, tais como *Sem modelo: pequena estética*, *Palavras-chave* e a *Teoria estética*. Apesar de os enfoques das obras quase contemporâneas da redação da *Dialética do esclarecimento* serem muito elucidativos, eles não acrescentam muito ao aporte crítico do capítulo sobre indústria cultural dessa obra. Os textos da última fase, no entanto, se destacam por aportes que, de certo modo, acrescentam algo às investigações realizadas conjuntamente com Horkheimer. Em virtude disso, encontra-se, neste capítulo, uma sucinta apresentação de alguns tópicos mais relevantes para nosso tema na *Teoria estética* e em *Sem modelo*.

4.1 Indústria cultural e *Teoria estética*

No que concerne à *Teoria estética*, em que pese ao fato de a expressão "indústria cultural" aparecer apenas algumas dezenas de vezes nas mais de 500 páginas dessa obra, não seria exagerado afirmar que cada uma de suas argumentações leva em consideração a circunstância de que a chegada da obra de arte ao mercado, em meados do século XIX, teve sua problematicidade agravada pela existência, a partir das primeiras décadas do século XX, de um ramo industrial que explora econômica e ideologicamente o carecimento humano por cultura e – por que não? – entretenimento, possuindo, portanto, objetivos antagônicos aos da arte no sentido tradicional do termo. Esta última, como já se apontou acima, se nutre de anseios por emancipação, mesmo que ela tenha não raro se tornado dependente com relação a instâncias opressoras na sociedade.

Exatamente por isso Adorno procura, em toda a sua obra, mostrar que a indústria cultural não é, como querem seus entusiastas, apenas a administradora do espólio da arte convencional na contemporaneidade, mas uma instância que se empenha na sua submissão total à cultura mercantilizada. Desse modo, como se viu acima, categorias estéticas importantes no passado, como mímesis, gosto, estilo, catarse etc. são apropriadas pela indústria e têm seu sentido originário totalmente deturpado por ela. Dessas categorias, vamos analisar aqui apenas os conceitos de estilo e de catarse, que, de acordo com o que já se expôs, desempenham um papel central na crítica à indústria cultural da *Dialética do esclarecimento*.

Na *Teoria estética*, Adorno ressalta inúmeras vezes o estilo nas grandes obras de arte do passado como um tipo de promessa que se realiza, ainda que parcial e precariamente, enquanto resultado da confluência de características pessoais – até mesmo idiossincrásicas – do artista e de um idioma artístico estabelecido, o qual pode ser entendido como aquilo que se chama normalmente "estilo de época". Desse modo, a ocorrência do estilo no sentido forte do termo depende da existência de artistas com personalidade própria e não, como acontece na indústria cultural, de funcionários de conglomerados transnacionais, pagos para "criar", sob encomenda, aquilo que, simultaneamente, supre a demanda imediata dos consumidores, proporcionando lucros astronômicos, e garante certos padrões de previsibilidade ao seu comportamento social e político. Para Adorno, apenas no caso da criação artística substantiva, o conceito de estilo pode adquirir sentido:

> Posteriormente, entretanto, o estilo somente deixa-se transfigurar, porque, apesar de seus traços repressivos, ele não era simplesmente imposto de fora às obras de arte, mas (...) era em certa medida substancial. Ele infiltra a obra de arte com algo como espírito objetivo (...). Em períodos em que aquele espírito objetivo não era inteiramente comandado – as espontaneidades de outrora não eram totalmente administradas –, havia também felicidade no estilo (Adorno, 1996a:307).

A mencionada "felicidade no estilo" chega ao fim quando a indústria cultural, deixando de lado a dialética todo-partes e sabotando o trabalho de elaboração formal da realidade que a arte realiza, estabelece como padrão um tipo de imitação literal da realidade empírica, na qual o detalhe não simplesmente resulta da totalidade da obra, podendo ser destacado da composição ou até mesmo substituído sem que ela se modifique essencialmente. Segundo Adorno, portanto, o estilo autêntico de uma obra é um elemento importante para o seu relacionamento com a empiria, de um modo que não seja sua mera cópia:

A forma funciona como um magneto que ordena os elementos da realidade empírica de um modo que provoca estranhamento às conexões de sua existência extra-estética e só através disso, eles podem se apoderar de sua essência extra-estética. Ao contrário disso, reúne-se na prática da indústria cultural um respeito subserviente da indústria cultural pelo detalhe empírico; a aparência sólida da fidelidade fotográfica é tanto mais bem-sucedida com a manipulação ideológica através do aproveitamento daqueles elementos (Adorno, 1996a:336).

Desse modo, o significado da afirmação da *Dialética do esclarecimento*, de que a indústria cultural é "o mais inflexível de todos os estilos", reaparece na *Teoria estética*, com o sentido de que algumas tendências inerentes ao estilo em geral, como, por exemplo, o possível reaparecimento de certos motivos, o qual pode ser válido enquanto parte de uma obra de arte autêntica, revela-se na cultura de massas como repetição *ad nauseam*, como formação de meros clichês, com os quais se especula tendo em vista o agrado imediato do público:

> O momento de efeito subjetivo é calculado pela indústria cultural segundo valores médios estatísticos relacionados à lei geral. Essa se tornou o espírito objetivo (...). Pois a universalidade do estilo atual é o negativo imediato, a liquidação daquela pretensão à verdade da coisa, bem como o permanente engodo aos recipientes por meio da asseguração implícita de que ela está lá por causa deles, através do que apenas lhes é novamente subtraído o dinheiro que o poder econômico concentrado lhes concede (Adorno, 1996a:395).

Ao contrário do conceito de estilo, parcialmente preservado no que tange à sua realização histórica na arte burguesa, torna-se evidente que até mesmo a formulação clássica – aristotélica – da catarse na *Teoria estética* é objeto de uma crítica muito contundente, na qual se fala da *kátharsis* como tendo sido sempre ideológica, na medida em que a purgação por ela propiciada deveria preparar o cidadão para o serviço do Estado:

> A limpeza dos afetos na poética aristotélica não se revela – é verdade – tão envolvida com os interesses de dominação, mas os preserva na medida em que o seu ideal de sublimação encomenda à arte instaurar, em vez da satisfação corporal dos instintos e das necessidades do seu público-alvo, a aparência estética como satisfação substitutiva: a catarse é uma ação purgativa contra os afetos, de acordo com a opressão (Adorno, 1996a:354).

É importante observar que a sublimação não é considerada em si mesma por Adorno como opressiva. Pelo contrário, além de ela se encontrar na base de qualquer criação artística, na medida em que o alvo sexual da pulsão é desviado para um objeto "espiritual", ela está também associada ao próprio processo civilizatório, no qual as "vias de fato" foram progressivamente sendo substituídas por instâncias simbólicas. Por outro lado – e isso já foi ressaltado no que tange à arte em geral –, há na sublimação um considerável potencial para a administração planificada das emoções, pela qual a pulsão é, como os autores dizem na *Dialética do esclarecimento*, "humilhada" (cf. Horkheimer e Adorno, 1981:161). Há, portanto, em virtude da apropriação ideológica da sublimação, espaço para um tipo de controle social semelhante ao que a própria indústria cultural realiza:

O meio substitutivo arte subtrai à sublimação, devido à sua inverdade, a dignidade que todo o classicismo, que durou mais de dois mil anos protegido pela autoridade de Aristóteles, reclama para aquela. A doutrina da catarse já impõe à arte, na verdade, o princípio que no final de contas a indústria cultural domina e administra (Adorno, 1996a:354).

No que tange à abordagem do trágico como categoria histórico-filosófica na *Teoria estética*, constata-se que, diferentemente da *Dialética do esclarecimento*, a discussão sobre ele não remete automaticamente à catarse, mesmo sendo possível estabelecer uma relação entre ambos os conceitos. Decerto, o pano de fundo histórico para a afirmação, por parte de Adorno, sobre a impossibilidade do trágico na *Teoria estética* é o mesmo da obra de 1947, qual seja: o da inexistência de subjetividades suficientemente fortes para se contraporem às potências universais (pano de fundo que, na contemporaneidade, coincide com o próprio "mundo administrado"). Mas o ponto de vista da *Teoria estética* é muito mais o da criação artística propriamente dita do que o da crítica à paródia do trágico que os produtos mais "sérios" da indústria cultural buscam realizar:

> Que se recorde a categoria do trágico. Ela parece o vestígio estético do mal e da morte, ativa enquanto esses também estiverem. Apesar disso, ela não é mais possível. Aquilo em que um dia o pedantismo dos estetas sofregamente distinguiu o trágico do triste, torna-se um juízo sobre aquele: a afirmação da morte; a ideia de que na decadência do finito brilharia o infinito; o sentido do sofrimento. Sem qualquer proteção, as obras de arte negativas parodiam hoje o trágico. Só enquanto trágica toda arte é triste, principalmente aquela que parece ser leve e harmônica (Adorno, 1996:49).

Esse trecho introduz um elemento importante para a compreensão do papel que a arte genuína ainda pode desempenhar, hoje, na contraposição às mercadorias culturais. Naturalmente, a arte do passado, na sua exemplaridade, tem ainda um papel importante na exibição da possibilidade de que possa haver construtos estéticos válidos como alternativa à falsidade, tendencialmente generalizada, dos produtos da indústria cultural. Mas sua possível instrumentalização por esta última levanta a questão sobre o tipo de obra que poderia, na segunda metade do século XX, desempenhar o papel de resistência que a arte tradicional desempenhou até os finais do XIX. A resposta dada por Adorno é que são as mencionadas "obras de arte negativas" as únicas que poderiam fazê-lo. Tais obras pertencem à vanguarda artística que, a partir do início do século XX, promoveram uma revolução em todas as linguagens artísticas e, com isso, assumiram o papel, até então desempenhado pelas obras tradicionais, de serem as antimercadorias culturais por excelência. De certo modo, Adorno admite a persistência de certo tipo de tragicidade – impossível de se encontrar nos produtos da indústria cultural – nessas obras negativas, mas a demonstração de como isso ocorre nos levaria longe demais dos objetivos deste livro (cf., por exemplo, Duarte, 2008b).

4.2 Abordagens tardias sobre a indústria cultural: televisão e cinema novo

Como já se assinalou, é facilmente constatável que, no seu trabalho filosófico posterior à *Dialética do esclarecimento*, Adorno procurou se manter sempre atualizado sobre as tendências predominantes na indústria cultural, seja nos seus aspectos tecnológicos, seja nos seus conteúdos propostos, adaptados às demandas do público, de acordo com o mecanismo da manipulação retroativa, analisado acima. No que diz respeito aos aspectos técnicos e estéticos, Adorno produziu nas décadas de 1950 e 1960 dois textos de análise crítica da televisão, que, exatamente nesse período, colocou pela primeira vez em xeque a posição que o cinema possuía como principal *medium* da cultura de massas. São eles: "Prólogo sobre a televisão" e "Televisão enquanto ideologia", ambos publicados na coletânea de Adorno *Intervenções. Nove modelos críticos*. Desses dois artigos, o primeiro é mais "teórico" e o segundo, mais "prático", já que está centrado na análise de *scripts* de séries de televisão. Por essa razão, analiso aqui, resumidamente, apenas o "Prólogo sobre a televisão". Em outro livro do mesmo período, *Sem modelo. Pequena estética*, há dois textos muito interessantes para nosso tema: um sobre cinema, "Transparências do filme", e o outro sobre a cultura de massas em geral, denominado "Resumo sobre a indústria cultural". Neste último, Adorno retoma, comenta e atualiza pontos fundamentais da crítica a esse fenômeno realizada quase 20 anos antes. Uma abordagem sucinta de alguns aspectos desse ensaio será feita em outro tópico deste capítulo.

Em "Prólogo sobre a televisão", Adorno observa que a estratégia de reduplicação do mundo sensível, iniciada com o filme sonoro, é aprofundada na televisão, uma vez que ela tem mais possibilidade de se imiscuir na vida privada das pessoas do que o cinema, já que os sinais audiovisuais invadem a intimidade de seus lares. Levando em conta essa sua característica, Adorno propõe a hipótese de que a tarefa da televisão seria auxiliar os indivíduos a preservar o enorme recalque pulsional que foi realizado para a própria existência da sociedade:

> Esse trabalho de Sísifo da economia pulsional do indivíduo parece hoje ser "socializado", ter a própria direção tomada

pelas instituições da indústria cultural em benefício dos poderosos interesses que se encontram por trás delas. Para isso a televisão, tal como ela é, contribui com sua parte. Quanto mais perfeitamente o mundo aparece como fenômeno, mas impenetrável parece ser a ideologia (Adorno, 1996b:508).

Adorno levanta também o que ele chama de "problemas técnicos" associados ao *medium* televisão, como, por exemplo, o pequeno tamanho de suas imagens – comparadas com as projetadas na tela do cinema –, e a desproporção entre o realismo dos sons (especialmente das vozes dos personagens) e o caráter fantasmático das imagens, que ocorria já no cinema, onde, às vezes, sente-se uma contradição entre "as imagens bidimensionais e a conversa viva" (Adorno, 1996b:510). Esse segundo "problema" seria agravado, na televisão, pelo primeiro, isto é, pelo reduzido tamanho das imagens. Tais problemas técnicos deveriam, segundo Adorno, ser resolvidos para que esse *medium* pudesse se adaptar à tendência crescente da indústria cultural, já naquele período, de trazer seus produtos para cada vez mais perto dos consumidores. A esse respeito, Adorno lembra que a supramencionada "invasão" dos seus lares cria uma ilusão de proximidade imediata, a qual, por sua vez, funciona como um sucedâneo do calor humano que se tornou impossível. Um exemplo disso, segundo ele, é o fato de que a família pequeno-burguesa, instituição que se encontra em franco declínio no capitalismo tardio, faz da televisão uma feliz oportunidade de seus membros estarem reunidos sem a intolerável situação de não ter o que dizer uns aos outros (cf. Adorno, 1996b:511).

Nos produtos audiovisuais da indústria cultural, veiculados em grande parte pela televisão, está em questão, no fundo, a intencional exclusão dos conceitos tradicionalmente associados a sinais sonoros e imagéticos presentes na linguagem e na percepção do mundo em geral. A partir de uma interessante discussão sobre o caráter mais "arcaico" do ouvido, quando comparado à visão, associada à atitude humana voltada para o progresso e para o "esclarecimento", Adorno chama a atenção para o fato de que, sob a égide da cultura massificada, o sentido da visão regride, pois a linguagem visual, da qual foram excluídos os conceitos, torna-se mais primitiva do que a das palavras, cada vez menos importantes nas transmissões televisivas.

Desse modo, Adorno assevera que a televisão opera com uma linguagem visual em que os conteúdos são "pré-conceitualmente" introduzidos, já que, como já se assinalou, as palavras e os conceitos a elas correspondentes são antecedidos por imagens que, atuando em camadas inconscientes da psique dos consumidores, condicionam comportamentos confirmatórios do *status quo*:

> Enquanto imagem, a escrita imagética (*Bilderschrift*) é meio de uma regressão, na qual produtores e consumidores se encontram reunidos; enquanto escrita, ela põe à disposição as imagens arcaicas da modernidade. Magia desencantada, elas não revelam qualquer segredo, mas são modelo de um comportamento, que corresponde à gravitação de todo o sistema, assim como à vontade dos controladores (Adorno, 1996b:514).

No que tange às cogitações tardias de Adorno sobre o cinema, tais como se encontram em "Transparências do filme", deve-se levar em conta que esse texto dos anos 1960, além de refletir seu pensamento mais amadurecido sobre o tema, é também enriquecido pelo conhecimento de formas alternativas de cinema, discrepantes do modelo hegemônico, hollywoodiano. Esses fatos teriam levado Adorno a uma reconsideração das ácidas críticas na *Dialética do esclarecimento* ao cinema em geral, tendo como pressuposto que seu potencial crítico como "filme de arte" se desse pela exploração de recursos que a habitual submissão do cinema aos ditames da indústria cultural não permitira até então, sem descurar do desenvolvimento tecnológico do *métier*. Embora Adorno tenha em mente todos os "cinemas novos" que floresciam na década de 1960, principalmente na Europa, tudo indica que o objeto próximo de suas indagações era o grupo cinemanovista alemão de "Oberhausen", que revelou, dentre outros, cineastas como Alexander Kluge, Völker Schlöndorf, Werner Herzog e Rainer Faßbinder.

A partir do contato com essas experiências, Adorno propõe uma espécie de linha demarcatória entre o cinema como arte, por um lado, e como mero produto da indústria cultural, por outro, a partir da possibilidade que ele tenha de externar as imagens da memória como uma escrita imagética libertadora, diferente daquela ideologicamente prescritiva da televisão (também aplicável ao filme comercial, denunciada pelo autor no texto referido acima):

> As imagens do monólogo interior devem essa permanência interna no movimento à sua semelhança com a escrita: essa também não é diferente de algo que se movimenta sob os olhos e, ao mesmo tempo, é estática nos seus signos. Tal sucessão das imagens deveria se comportar em relação ao filme como o mundo visível para a pintura ou o acústico para a música. O cinema seria arte enquanto recuperação objetivante desse modo de experiência. O meio técnico *par excellence* é profundamente aparentado com o belo natural (Adorno, 1996c:355).

Esse possível parentesco das imagens cinematográficas com o belo natural é também indício do potencial do cinema para se tornar arte no sentido próprio do termo, uma vez que Adorno, na *Teoria estética*, aponta o belo natural como ponto de fuga da expressão que a arte de vanguarda realiza (cf. Adorno, 1996a:97-122).

Essa possibilidade leva em conta a existência de modelos de comportamento "oficiais" e "inoficiais" no cinema, sendo que aqueles devem diretamente reforçar o *status quo* e disseminar o conformismo, enquanto estes existem para canalizar uma possível rebeldia com relação aos poderes constituídos. Esses modelos devem funcionar como satisfação substitutiva para os consumidores, mas Adorno vê também neles a possibilidade de uma apropriação "subversiva", imprevista por parte dos produtores da indústria cultural, como capacidade de o cinema – mesmo o ideologicamente comprometido – atuar de um modo libertador sobre as pessoas. Exemplo disso, segundo Adorno, é a liberalização dos hábitos sexuais da juventude nos anos 1960 a partir da disseminação de imagens de certo "folclore libertino". Uma vez que o antagonismo da sociedade capitalista se expressa também em sua ideologia, o conteúdo desta é, eventualmente, um reflexo direto do processo de manipulação retroativa analisado acima, o qual leva em conta, mesmo de modo funcionalizado, demandas reais das populações:

> Se ela quer atingir as massas, então mesmo a ideologia da indústria cultural cai em si de um modo tão antagônico quanto a sociedade na qual ela se inspirou. Ela contém o antídoto contra sua própria mentira. A mais nada se poderia remeter para sua salvação (Adorno, 1996c:356).

A realização de um "cinema emancipado" estaria ligada a uma possível síntese dos dois aspectos que Adorno chama de "objetivo-social" e de "subjetivo-imagético", de um modo tal que a coletividade latente, atingida pelo que é mais interno do filme, não seja algo apenas imposto pela ideologia: "não é errado designar o sujeito constitutivo do cinema como um nós: nisso convergem seus aspectos sociológico e estético" (Adorno, 1996c:358).

No que diz respeito ao texto tardio de Adorno mais genérico sobre a cultura de massas, o "Resumo sobre a indústria cultural", pode-se dizer que é evidente a confirmação dos principais aspectos da crítica exposta na *Dialética do esclarecimento*, enfatizando os que, provavelmente devido ao caráter hermético daquela obra, poderiam não ter ficado suficientemente explícitos. O primeiro desses aspectos é a reafirmação de que o termo "cultura de massa", adotado nos escritos preliminares à redação da obra conjunta com Horkheimer, foi substituído por "indústria cultural" em virtude da necessidade de evitar a impressão, não raro veiculada pelos apologetas, de que "aqui se trate de cultura espontaneamente advinda das próprias massas" (Adorno, 1996c:337). Se isso fosse correto, esse modelo seria então a versão contemporânea, apenas tecnologicamente mediatizada, do que anteriormente se chamava de "cultura popular" (*Volkskultur*).

Tendo em vista esse modelo tradicional de cultura, Adorno explicita um tópico que, na *Dialética do esclarecimento*, não fica muito claro, a saber, a referência dos autores ao que eles chamam de "arte leve", como um âmbito com o qual a arte erudita tem uma relação de simultâneas proximidade e distância, pois esta muitas vezes se inspira naquela, mas supera-a sob o ponto de vista técnico, de acordo com as demandas de desenvolvimento do *métier* artístico no qual se inscreve. Tudo leva a crer que o que é denominado por Adorno e Horkheimer "arte leve" corresponde ao que chamamos comumente de "arte popular", sendo que o termo *Volkskunst*, que não ocorre na *Dialética do esclarecimento*, no *Résumé* aparece com enorme ênfase, inclusive explicitando uma ideia importante para a compreensão do cenário atual, de que as duas formas de arte, popular e erudita, encontram-se na condição de presa da indústria cultural:

> A indústria cultural é a integração intencional de seus receptores de cima para baixo. Ela coage a união dos âmbitos milenarmente separados da arte superior e da arte inferior, em detrimento de ambas. A superior é sacrificada na sua seriedade através da especulação no sentido de obter efeitos; a inferior, por meio de sua domesticação civilizatória daquilo que revoltosamente resiste, que lhe era inerente antes que o controle social se tornasse total (Adorno, 1996c:337).

O tópico da "manipulação retroativa", abordado no capítulo anterior deste livro, reaparece na afirmação de Adorno de que a indústria cultural não fornece aos seus consumidores exatamente o que eles querem, mas pressupõe a ideologia que ela se ocupa de reproduzir eternamente, em benefício próprio e dos poderes constituídos. A rentabilidade desse procedimento é também algo que diferencia claramente a mercadoria cultural da obra de arte, pois, enquanto aquela é confeccionada visando a obtenção de lucro, esta se pauta pelo ideal da autonomia, nunca completamente realizado, mas existente como um princípio diferenciador sob o ponto de vista da intenção com que um e outro objetos estéticos são, respectivamente, produzidos ou criados, o que se reflete também na sua forma final.

Na verdade a autonomia da arte, que sempre foi algo problemático, tende a ser ainda mais dificultada em virtude do objetivo de lucratividade na produção das mercadorias culturais, já que essas instituem a absoluta mercantilização dos objetos estéticos. No entanto, tal como reitera Adorno, promover o retorno do capital investido não é o único propósito da indústria cultural, pois a produção de conformidade ao *status quo* é um objetivo que muitas vezes justifica um investimento a fundo perdido:

> Finalmente a indústria cultural não precisa perseguir de modo generalizado diretamente os interesses de lucro, dos quais ela partiu. Eles se materializaram em sua ideologia, ocasionalmente tornaram-se independentes da coerção de vender as mercadorias culturais, as quais, de qualquer modo, devem ser engolidas. A indústria cultural muda-se em *public relations* [relações públicas], na fabricação de um puro e simples *good will* [boa vontade], sem levar em consideração firmas ou objetos para a venda em particular (Adorno, 1996c:339).

Isso explicaria em parte certa nuance no significado de "indústria" no contexto da fabricação das mercadorias culturais: essa palavra aqui não deveria, segundo Adorno, ser tomada literalmente, já que a padronização dos produtos, assim como o alto grau de racionalidade dos métodos de difusão não encontram uma contrapartida correspondente no que tange aos processos de produção nos ramos industriais tradicionais. Em que pese à divisão estrita do trabalho na indústria filmográfica e de radiodifusão, nesses setores sempre deveria ser preservado certo espaço para a individualidade, ainda que apenas aparente e alardeada no sentido de fortalecer a ideologia de liberdade e espontaneidade da vida moderna nos países industrializados.

Aparentemente, esse aspecto fortemente ideológico da indústria cultural é bastante efetivo, pois Adorno retoma o tema da sua "relevância", asseverando que seria tão ingênuo negar o seu peso na vida cotidiana dos indivíduos, quanto perversamente apologético fazer desse peso uma justificativa para sua existência factual, nas bases em que ela atualmente ocorre. Desse modo, não se poderia nunca confundir a mencionada "relevância" da indústria cultural com uma justificação do conteúdo estético dos seus produtos:

> A função de uma coisa, mesmo que ela atinja a vida de inúmeras pessoas, não significa a comprovação de sua própria qualidade. A confusão entre o elemento estético e a relevância comunicativa não remete a arte, enquanto algo social, à sua correta medida diante da pretensa arrogância dos artistas, mas serve muito mais à defesa de algo funesto no tocante ao seu efeito social (Adorno, 1996c:341).

"Algo funesto" remete, aqui, ao prejuízo que a indústria cultural ocasiona à economia psíquica de seus clientes, uma vez que a estabilidade social, ainda que precária, e a valorização do capital só se realizam ao preço da produção artificial de indivíduos psiquicamente debilitados, prontos a consumir produtos de utilidade discutível e a aderir, mesmo que ambiguamente, a projetos políticos simplistas e autoritários. Essa debilitação psíquica atingiria não apenas as camadas menos esclarecidas da população, mas até intelectuais, que, mesmo tendo os pressupostos educacionais para uma avaliação crítica dos produtos da indústria cultural, são capturáveis por suas estratégias de manipulação psíquica e não raro assumem uma posição pelo menos ambivalente, segundo a qual, apesar do baixíssimo nível de suas produções, a indústria cultural apresentaria um saldo positivo, já que é democrática, diverte e informa seus consumidores.

Por outro lado, apesar da desconfiança que as pessoas possam ter com relação à indústria cultural, Adorno chama a atenção para o fato de que sua adesão ocorre em função de ela oferecer uma certa impressão de estabilidade e de permanência, num mundo marcado por transformações permanentes, as quais sobrecarregam o espírito dos indivíduos e os compelem a se agarrar àquilo que lhes parece firme e estável:

> A defesa mais enfática da indústria cultural hoje comemora seu espírito, o qual poder-se-ia chamar de ideologia consolatória, enquanto fator de manutenção da ordem. Ela confere às pessoas, num mundo dito caótico, algo como medida e orientação e isso por si só já seria digno de reconhecimento. Mas o que elas imaginam preservado pela indústria cultural é por ela mais profundamente destruído. O filme colorido demole mais a confortável e velha hospedaria do que bombas poderiam fazê-lo: ele aniquila também sua *imago* (Adorno, 1996c:342).

Também esse tipo de adesão à indústria cultural está em conformidade com a ideia presente em todas as abordagens adornianas sobre o assunto, segundo as quais o fortalecimento da autoridade da cultura de massas se dá através do estímulo à – e da exploração da – fraqueza do eu de seus consumidores. Isso é corroborado pelo comentário cinicamente realista de produtores cinematográficos norte-americanos, de que eles deveriam sempre levar em consideração o nível mental de uma criança de 11 anos, mesmo quando suas produções não fossem voltadas para o público infanto-juvenil. Adorno acrescenta que seria mais realista ainda dizer que o objetivo da indústria cultural seria fazer também do adulto alguém permanentemente com 11 anos (cf. Adorno, 1996c:344).

Esse fato não deveria contribuir para uma atitude derrotista, de que nada mais seria efetivo contra a indústria cultural, pois o próprio Adorno externa sua esperança de que toda essa investida objetivando a estultificação das pessoas esbarre na sua latente capacidade de resistir ao aniquilamento espiritual:

> Sem medo de errar, entretanto, pode-se supor que as contínuas gotas furam a pedra, sobretudo porque o sistema da indústria cultural muda o posicionamento das pessoas, quase não tolera desvios e executa intransigentemente os mesmos esquemas de comportamento. Somente sua desconfiança profundamente inconsciente, o último resíduo da diferença de arte e de realidade empírica em seu espírito, explica o fato de que elas não veem e aceitam totalmente o mundo tal como a indústria cultural se lhes apresenta (Adorno, 1996c:344).

Capítulo 5

Indústria cultural, globalização e digitalização

Nesses artigos mais tardios de Adorno sobre a televisão, cinema e a indústria cultural como um todo, tem-se um excelente exemplo de como praticamente aqueles mesmos parâmetros críticos, definidos no capítulo sobre indústria cultural da *Dialética do esclarecimento*, podem funcionar igualmente bem na análise de fenômenos da cultura de massas que àquela época eram ou apenas uma promessa tecnológica (como no caso da TV), ou um conjunto de virtualidades estéticas ainda quase completamente irrealizadas (como ocorreu com o cinema novo). Considerando-se que após a morte de Adorno, em 1969, muita coisa aconteceu no que concerne à geopolítica mundial, à revolução nos costumes e também à própria matriz tecnológica da cultura de massas, os continuadores da crítica à indústria cultural têm diante de si a tarefa de interpretar esses novos fenômenos com as ferramentas conceituais legadas por Horkheimer e Adorno, assim como outros autores a eles associados.

5.1 Conceito de globalização

No que diz respeito às enormes transformações na geopolítica mundial nas últimas décadas, destaca-se o advento da chamada "globalização", por meio da qual a situação posterior à Segunda Guerra Mundial, de conflito entre dois superpoderosos blocos, o norte-americano e o soviético, conhecida como "Guerra Fria", deu lugar a um cenário unificado sob predomínio quase absoluto dos Estados Unidos da América. Para uma sucinta caracterização da globalização, recorro às posições de Ulrich Beck e de Scott Lash sobre esse tema, as quais têm em comum a tese do declínio da classe operária organizada, que até finais do século XIX era um contrapeso com relação à tendência internacionalizante do capitalismo. Segundo esses autores, ela se torna uma espécie de "subclasse" que não possui mais a relativa influência política que chegou a ter nas democracias liberais e foi desbancada por uma nova e próspera classe média, composta por detentores de conhecimento tecnologicamente mais estratégico (especialmente as tecnologias de informação e comunicação). Nessa situação, denominada por esses sociólogos "modernização reflexiva", ocorre que,

> Se a classe média pós-industrial (em maioria) e a classe trabalhadora qualificada (marginalmente) são os "vencedores da reflexividade" da ordem capitalista informatizada atual, então esta terceira classe desqualificada, comparável ao proletariado simples da modernidade clássica, apresenta os "perdedores da reflexividade", o terço inferior e em grande parte excluído das "sociedades de dois terços" da nossa virada do século XXI (Beck, Giddens e Lash, 1996:158).

Se no início do século XX os capitalistas "clássicos" encontraram no operariado socialista, também em processo de internacionalização do seu movimento, um limite à expansão mundial, hoje "os empreendedores globais não encontram qualquer contrapoder" (Beck, 1998:14), uma vez que sua progressiva robustez significa um proporcional enfraquecimento também das instâncias estatais que, no período do capitalismo liberal e do monopolista "convencional" (ou seja, não globalizado), foram um importante fator de mediação e de organização das sociedades, de sua política e de sua economia. De acordo com Beck, o poder dos empreendedores transnacionais repousa em quatro pilares: 1. A possibilidade de exportar vagas de trabalho para onde os custos são menores; 2. a possibilidade, graças aos modernos meios de comunicação e informação, de decompor a confecção de produtos e serviços em partes distribuídas por todo o mundo, de acordo com o critério dos custos mais baixos; 3. a possibilidade de poder jogar Estados nacionais uns contra os outros, sempre com o intuito de aumentar sua própria lucratividade; 4. a possibilidade de distinguir – e decidir soberanamente sobre eles – locais de investimento, de produção, de tributação e de residência (Beck, 1998:17).

Nessa situação, os Estados carecem cada vez mais de meios de pacificação e mediação dos conflitos oriundos das desigualdades sociais, cujo crescimento no mundo globalizado é evidente: nos 15 anos anteriores à publicação do livro de Beck sobre a globalização, os rendimentos de capital haviam crescido 59%, enquanto aqueles oriundos do trabalho tinham tido um acréscimo de apenas 2%. Nas duas décadas anteriores, a produção mundial havia aumentado de US$ 4 trilhões para US$ 23 trilhões, enquanto o número de pobres nesse período aumentara em 20%. A participação dos mais pobres na renda mundial diminuíra de 4% em 1960 para 1% em 1990. A concentração chegou a tal ponto que 358 bilionários possuíam no início da globalização mais da metade de tudo o que a humanidade percebe (Beck, 1998:254-255). Apesar de esses números, que atualmente não se modificaram sensivelmente, apontarem para uma evidente piora nas condições de vida da maioria da população, Beck acredita que a globalização possa ser caracterizada não apenas pela expansão sem precedentes na atividade econômica (que não encontra mais fronteiras como as que existiam entre os blocos soviético e norte-americano), mas também pela possibilidade de maior intercâmbio entre as pessoas de todas as partes do mundo, engendrando inclusive experimentos culturais totalmente inusitados. Para ele, a globalização é um processo objetivo que ocasiona liames e espaços sociais transnacionais, valoriza culturas locais e impulsiona para frente "terceiras culturas", i.e., culturas essencialmente mistas:

> A peculiaridade do processo de globalização hoje (e, provalmente, também no futuro) reside na extensão, densidade e estabilidade, passíveis de comprovação empírica, de redes de inter-relação mútua regionais-globais e de sua definição através de sua autodefinição através dos meios de comunicação de massa, assim como espaços sociais e aqueles fluxos imagéticos nos planos culturais, políticos, militares, micro e macroeconômicos (Beck, 1998:31 cf. 151).

Isso não pode ser entendido, porém, como uma consolidação da liberdade das pessoas no tocante à "escolha" de opções que a indústria cultural global apresenta, já que é um perigo reconhecido por Beck, no âmbito cultural da globalização, o potencial de manipulação ideológica das formas simbólicas, de sua pura e simples massificação em escala planetária:

Os conglomerados, que objetivam um domínio de mercado na fabricação de símbolos culturais universais, usam a seu modo o mundo ilimitado das tecnologias de informação (...). Os satélites permitem ultrapassar todas as fronteiras nacionais e de classe e plantar o brilhante mundo – cuidadosamente inventado – da América branca nos corações das pessoas em todos os cantos do mundo (Beck, 1998:82).

Isso não impede que Beck avalie como positivo o fato de que a difusão mundializada, via satélite, de imagens de opulência, condizentes com a vida dos (relativamente poucos) centros de poder global, gere, mesmo nos bolsões da maior miséria possível, o conhecimento de que existem outras realidades e a perspectiva de que a própria situação de indigência dessas pessoas possa mudar para melhor:

Mais pessoas, em mais partes do mundo, devaneiam, divagam sobre um leque maior de vidas "possíveis" do que elas sempre o fizeram. Uma fonte central dessa modificação são os meios de comunicação de massa, que põem à disposição uma rica e continuamente modificada oferta para uma dessas "vidas possíveis". Desse modo, fabrica-se também uma proximidade imaginária para com as figuras simbólicas dos meios de massa. Os óculos, com os quais as pessoas veem, valorizam ou desvalorizam sua vida, suas esperanças, suas derrotas e circunstâncias são feitos a partir dos prismas de vidas possíveis, os quais a "tele-visão" apresenta e celebra ininterruptamente (Beck, 1998:99).

Embora não se deva, *a priori*, avaliar que a globalização e as modificações por ela introduzidas na cultura de massas tenham enterrado definitivamente o sonho humano de emancipação e de reconciliação, deve-se precaver de assumir posições precocemente otimistas como a que, por vezes, parece ser o caso de Ulrich Beck. Seu interlocutor no tema da "modernização reflexiva", Scott Lash, por outra parte, chama a atenção para a possibilidade concreta do fenômeno da exclusão crônica que ameaça não apenas os países do terceiro e quarto mundos, como também aquelas parcelas menos favorecidas dos países capitalistas mais desenvolvidos, em virtude da política neoliberal que dominou toda a década de 1990 e boa parte da década de 2000, desmontando a máquina de bem-estar social construída a partir de finais do século XIX (apenas a crise do sistema financeiro a partir de 2008 ocasionou uma mudança nessa concepção, pelo menos no que tange ao discurso). Para Lash, essa exclusão é consequência do fato de essas camadas mais pobres terem um papel mais passivo enquanto consumidores das mercadorias culturais:

> Por outro lado, em virtude da televisão (a cabo e via satélite), do rádio, dos aparelhos de vídeo etc., a nova classe baixa certamente não está entre os *manipuladores* da informação, mas muito certamente está entre os receptores de símbolos e imagens no seio das estruturas de informação e comunicação. Essa disparidade entre a apropriação de capacidades de processamento de símbolos e o acesso ao fluxo de símbolos nas estruturas de informação e comunicação, entre o acesso ao envio de símbolos e a sua recepção, encerra um potencial crescentemente perigoso para uma crítica cultural fundante e permanecerá sendo uma crítica da situação dos negros, das mulheres e de outras minorias étnicas das próprias "zonas selvagens" (Beck, Giddens e Lash, 1996:163).

5.2 A indústria cultural global

Ainda que as posições assumidas pelos estudiosos da globalização (ou da "modernização reflexiva") no tocante à cultura de massas não sejam totalmente concordantes entre si e – principalmente – não sejam livres de certo caráter apologético, é inegável que esse importante acontecimento geopolítico trouxe à tona novamente a discussão sobre a indústria cultural, que, fora dos círculos de especialistas, parecia relegada a um segundo plano nas abordagens das ciências sociais e humanas. Na retomada dessa discussão, Dieter Prokop, autor de um estudo minucioso sobre as modificações estruturais da indústria cultural no âmbito da globalização, afirma que apenas nesse momento consumou-se a "aldeia global" antevista por McLuhan, como mercado mundializado da comunicação:

> A situação mundial dos meios de comunicação, que se gosta de imaginar desde Marshall McLuhan como uma "aldeia global", porque os mesmos filmes e programas são vistos ao redor do mundo, é agora, antes de tudo, a de um mercado global. Nele se lançam poucos grandes conglomerados numa concorrência capital-intensiva pelos mercados de público e de publicidade (Prokop, 1995:337).

A partir do estudo realizado por Prokop, constata-se que, na formação dos enormes oligopólios atuais dos *media*, há uma evidente tendência ao predomínio de conglomerados transnacionais que anteriormente atuavam em outros ramos e que migraram para a indústria do entretenimento ou simplesmente diversificaram seus negócios investindo maciçamente nela. Exemplo desse processo, comum na "indústria cultural global", é a compra, por grandes corporações de "hardware" eletrônico, de empresas de entretenimento, uma vez que o produto dessas é agora considerado uma espécie de "software". O caso mais antigo é o da Sony, que, já em 1988, havia comprado a gravadora CBS, transformando-a na Sony Music. Pouco depois, o conglomerado japonês adquiriu da Coca-Cola Company a antiga firma cinematográfica Columbia Pictures. Outro exemplo desse processo é a Matsushita, proprietária das marcas Panasonic, JVC e Technics, que comprou em 1990 o conglomerado MCA/Universal.

Mas, dentre os chamados *global players* do ramo do entretenimento, houve quem tenha construído seu império desde o princípio com empresas de comunicação, como foi o caso do australiano Rupert Murdoch, que iniciou sua carreira comprando jornais quase falidos, racionalizando sua administração e reorientando-os para um jornalismo sensacionalista, porém lucrativo. Desse modo, formou um império de comunicações que inclui atualmente, além da cadeia de jornais, estúdio cinematográfico (Twentieth Century-Fox), rede de televisão (Fox-TV), sistema de transmissão via satélite (Sky) etc., atuando em vários países e transmitindo sua programação para praticamente todo o mundo.

Outro exemplo de empresa originariamente de comunicações que se adensou e se expandiu no processo de globalização foi a Time Warner, produto da fusão, já em 1989, de duas gigantescas empresas norte-americanas de *media*. Essa fusão ocorreu em função do temor da concorrência das supramencionadas corporações japonesas do ramo da eletrônica no seu movimento de compra de grandes (e tradicionais) estúdios cinematográficos, e deu origem ao maior e mais lucrativo conglomerado de comunicações do mundo. Seu gigantismo aumentou ainda em virtude da fusão, em 2001, com o maior provedor de internet do mundo, a AOL.

Esse movimento de expansão de firmas de *media* na formação da indústria cultural global pode ser exemplificado também com a Viacom, que era originariamente o maior negociante de direitos autorais em televisão dos EUA e, a exemplo dos outros *global players* da indústria cultural, adquiriu, em 1994, outro tradicional estúdio cinematográfico – a Paramount –, com o objetivo de formar uma poderosa rede de televisão. Mas o que, atualmente, melhor caracteriza a Viacom como empresa típica da "indústria cultural global" são seus vários canais a cabo, franqueados e com programação exibida nos quatro cantos do mundo: os mais conhecidos são o canal infantil Nickelodeon e, principalmente, o canal de televisão global MTV, adquirido da Warner ainda em 1985.

No que concerne à matriz tecnológica da indústria cultural global, é evidente que ela é marcada pelo surgimento e pelos desenvolvimentos no campo do registro, da geração e da transmissão de som e imagem por meios digitais. Até o final dos anos 1980, ainda se investia no desenvolvimento de equipamentos analógicos de reprodução e transmissão de som e imagem (como os VCRs e as televisões analógicas de alta definição), mas a partir do início da década de 1990 – em virtude dos progressos no campo da informática – todos os projetos de aperfeiçoamento do meio analógico até então mais desenvolvido, a televisão, foram deixados de lado, já que o sistema digital é muito mais flexível, permitindo a compressão das informações – tratadas como dados computacionais – e economizando tanta capacidade de transmissão, que se pode transmitir som e imagem de alta qualidade até mesmo por meio de cabos telefônicos. Além disso, através de satélites com transmissão digital, podem-se oferecer centenas de canais de televisão ao redor de todo o mundo.

A TV digital (inclusive de sinal aberto), que hoje já é uma realidade em todo o mundo (existente também no Brasil), teve como antecessor o desenvolvimento de interfaces gráficas como as das plataformas Apple e Windows nos computadores pessoais, desde os finais dos anos 1980 e início dos 1990. A possibilidade – hoje realizada – de os computadores virem a concorrer com *media* como o rádio e a televisão era, há 30 anos, praticamente nula, pois, mesmo que já existissem as redes de computadores, elas eram restritas primeiramente ao uso estratégico-militar, depois científico, e só mais recentemente empresarial. A internet, por exemplo, teve sua origem na corrida espacial dos norte-americanos com os soviéticos, no período da "Guerra Fria", nos anos 1960. O nome "internet", ao contrário do que normalmente se pensa, não significava originariamente "rede internacional", mas a abreviatura de *Defense Advanced Research Projects Agency Internetwork*, ou seja, do nome da rede que interligava as duas redes – militar e civil – advindas da rede originária, denominada ARPAnet (cf. Segaller, 1999, passim).

A importância da difusão da computação gráfica – empregada nos computadores individuais a partir da década de 1980 – nesse processo é que ela, por um lado, eliminou a necessidade do conhecimento da linguagem de programação, fato que restringia o uso da internet, mesmo depois que ela não tinha mais apenas o caráter estratégico-militar. Desse modo, a rede mundial de computadores experimentou (e continua experimentando) enorme expansão desde o início dos anos 1990, processo pelo qual os microcomputadores foram se transformando em concorrentes diretos dos veículos tradicionais de telecomunicações da indústria cultural: o rádio e a televisão. Por outro lado, mesmo antes da possibilidade técnica (ou, pelo menos, mercadológica) de veiculação de sons e imagens "realistas" pela internet, as animações de computação gráfica usadas nos websites já ensaiavam certa emulação dos conteúdos dos meios tradicionais. Atualmente, técnicas de compressão de áudio e vídeo, assim como a transmissão de dados via fibra óptica, permitem o envio, ao microcomputador conectado à internet, de programações completas, tais como filmes, eventos esportivos, shows etc., numa tendência à fusão completa desses meios com os tradicionais – analógicos – num futuro próximo.

Tendo em vista o contexto histórico e tecnológico do desenvolvimento da indústria cultural global, tal como considerado acima, podemos discutir brevemente algumas de suas características mais evidentes, tais como a customização, a capilarização e aquilo que Christoph Türcke denominou "coerção à emissão" (Türcke, 2002:85). O que se pode chamar de customização é a tendência da indústria cultural, hoje, de, em vez de produzir necessariamente em grande escala com vistas a atingir um público massivo, oferecer mercadorias que supram uma demanda mais qualificada, visando a um público numericamente mais restrito, porém com um poder de compra acima da média e, portanto, com a capacidade de pagar mais por produto recebido, o que compensa – às vezes regiamente – a perda de competitividade pelo não aproveitamento da economia de escala. Exemplos típicos dessa tendência são as TVs por assinatura e as séries especiais de discos de áudio ou de vídeo (há 20 anos, eram os CDs, depois vieram os DVDs e agora os *blue-rays*) que ofertam produtos mais requintados, cujo consumo se insere no supramencionado mecanismo do "fetichismo dos bens culturais". A relação desse procedimento mercadológico com a globalização é que, não havendo mais barreiras de blocos de influência, como ocorria na época da "Guerra Fria", e com as fronteiras físicas entre países enfraquecidas pela circulação mundial de informações virtuais, o investimento nessa produção em menor escala, mas com alto rendimento, torna-se atraente. Do ponto de vista tecnológico, é evidente que a digitalização generalizada dos meios de geração, reprodução e transmissão de mensagens audiovisuais, com sua flexibilidade infinitamente maior do que a dos meios analógicos, tornou mercadologicamente possível a existência e a circulação de tais produtos mais adaptados a um consumo não massivo, sem que a lucratividade seja diminuída (pelo contrário: em muitos casos ela aumenta).

Essas características geopolíticas e tecnológicas do mundo após a queda do muro de Berlim são também responsáveis por outro dos traços típicos da indústria cultural global, que guarda certa semelhança com a customização referida acima. Trata-se do que chamei de "capilarização", ou seja, a capacidade de penetração das mensagens audiovisuais e textuais em todo o mundo, com uma característica não existente nos meios tradicionais: a capacidade de resposta imediata aos estímulos, utilizando-se o mesmo veículo de recebimento da mensagem, à qual se dá também o nome mágico de "interatividade". Isso difere enormemente de meios como o rádio e a televisão, que sempre se valeram do telefone como um instrumento de *feedback* da recepção de suas mensagens e até mesmo da eficácia de suas estratégias para atingir o público-alvo. Mas esse sistema dependia da existência de dois canais – outrora – separados e independentes de comunicação, o que dificultava uma resposta precisa ao emissor principal da mensagem (a estação de rádio ou televisão, por exemplo), já que o seu sinal poderia atingir localidades não contempladas com redes de telefonia, por exemplo.

Esse problema tende a não existir no âmbito da indústria cultural globalizada, pois, por um lado, a flexibilidade dos meios digitais facilita sobremaneira a expansão das redes físicas de telecomunicação, inclusive com o uso de satélites, redes de fibra óptica e sinais terrestres de rádio, instituindo também uma convergência dos *media*, como, por exemplo, simultaneidade de transmissão de sinais de telefonia, audiovisuais etc., tudo com a característica de dados computacionais. É por isso que, atualmente, empresas de telefonia oferecem também TV por assinatura e, simetricamente, firmas de TV a cabo oferecem serviços de telefonia. Desse modo, a capilarização é também consequência da característica tecnológica dos novos meios, de acordo com a qual não há um abismo, tão grande quanto havia nos dispositivos analógicos, entre transmissores e os receptores de mensagens. Uma decorrência direta disso é que, hoje, é muito mais fácil ser um emissor de mensagens, tanto textuais (e-mails, blogs textuais, sites de relacionamentos etc.) quanto audiovisuais (vídeo *streaming*, produções caseiras de vídeo digital etc.). Isso significa não apenas que a rede de emissores institucionais de mensagens aumentou drasticamente em função do barateamento dos equipamentos de geração e transmissão digital, mas também que passou a existir algo impensável há 20 anos: uma rede de emissores privados de informações audiovisuais. Exemplos disso são as centenas de milhares de vídeos privados exibidos em sites como o YouTube ou as chamadas de vídeo feitas de computador a computador (por sistemas como Live Messenger ou Skype), ou até mesmo aquelas feitas por celulares conectados a redes 3G.

Associada ao que chamei de "capilarização" está uma característica, observada por Scott Lash na indústria cultural global, que é o condicionamento em alto grau do conteúdo veiculado pela tecnologia (quase sempre digital, como se viu). Do ponto de vista da mudança estrutural do sistema de comunicações em escala mundial, salta à vista a enorme concentração econômica, como já foi acima mencionado, o que pode ser atribuído à formação de monopólios (ou oligopólios) de conteúdos, tanto de televisão e cinema, quanto de software e até de informações científicas e tecnológicas. A relação disso com a "capilarização" é que, na outra ponta, que é a do consumo, existe uma tendência à indistinção entre os conteúdos e a tecnologia que os produz e/ou os veicula, de modo que o consumidor das mercadorias culturais é, simultaneamente, um usuário dos dispositivos que tanto as recebe em forma de dados digitalizados, quanto pode emitir mensagens da mesma natureza, precisando, para isso, dominar certos rudimentos da tecnologia digital. Tendo em vista essa diferença fundamental da indústria cultural "clássica" e da global, Lash observa que,

> na era clássica dos *media*, a cultura consistia essencialmente de apresentações. Um filme, um programa de televisão, um romance uma canção *pop* – de certo modo tudo apresentava alguma coisa. Na nova era dos *media*, a cultura se torna menos apresentação e mais tecnologia. Ela se torna algo que não apenas se vê, lê ou ouve, mas algo que se faz. Na cultura clássica dos *media*, o público era ativo ou passivo. Nas indústrias culturais globais, ele é interativo. As indústrias culturais clássicas trabalhavam segundo o princípio da superfície, as indústrias culturais globais o fazem segundo a lógica do painel traseiro (*Logik der Schnittstelle*). Nos multimeios consumimos simultaneamente conteúdo e tecnologia (Lash, 1998:42).

Esse traço marcante da indústria cultural global, na qual a ideia lançada por McLuhan na década de 1970 de que "o meio é a mensagem" torna-se ainda mais visível e textualmente realizada, leva à menção do terceiro traço típico, bastante evidente, dessa nova fase da cultura de massas: a "coerção à emissão". Esse termo foi cunhado certeiramente por Christoph Türcke para descrever uma atitude generalizada das massas dos países onde há uma indústria cultural desenvolvida (e globalizada, no sentido visto acima), de acordo com a qual a pessoa é coagida a emitir dados permanentemente, sob pena de cair num insuperável estado depressivo. É marcante o fato de que, na indústria cultural "clássica", em virtude de a própria matriz tecnológica de sua época assim o determinar, essa coerção difusa dizia respeito apenas à recepção de mensagens: as massas eram, tanto quanto possível, levadas a ocupar o seu tempo, até mesmo o período do trabalho (conforme sua natureza), com o consumo das mercadorias culturais oferecidas pelos meios tradicionais da cultura de massa. Na indústria cultural global, como consequência das características tecnológicas apontadas acima, a coerção não se limita à recepção, mas se estende obrigatoriamente à emissão. Importa pouco o conteúdo que é emitido, mas é forçoso que se transmita algo todo o tempo: torpedos pelo celular, atualização do blog pessoal (levada ao paroxismo pelo Twitter), mensagens aos amigos e/ou familiares. Naturalmente, em tempos de transmissão fácil e barata de dados digitalizados, não apenas os textos, mas também – e talvez principalmente – imagens, estáticas e móveis, e os sons perfazem o formato das mensagens emitidas. Esse conceito é amplo o suficiente para abrigar não apenas essas emissões de caráter privado, permitidas pela difusão dos aparatos digitais, mas também as emissões que implicam a submissão do(a) emissor(a) ao esquema das transmissões profissionais das estações de TV: os *reality shows* e todos os programas em que intrigas familiares e conjugais são transmitidas via satélite para todo o país (ou o mundo) podem ser compreendidos como uma espécie de *feedback*, por meio do qual a coerção à emissão se encontra com a coerção à recepção, típica da indústria cultural clássica. Para Christoph Türcke, a força da coerção à emissão pode ser explicada por motivações de forte caráter existencial, naquele supramencionado cenário de fragilização psíquica:

> E faz parte disso também que a coerção geral difusa à ocupação, aquele feitiço coletivo contra o desemprego, que não permite repouso nem no tempo livre e o preenche até a borda com "ofertas", experimenta uma notável unificação, a saber, converge, na velocidade como no desenvolvimento técnico, para um aparelho universal: o computador. Ele tende a ser não apenas o instrumento universal de trabalho, mas o ponto nodal técnico, centro nervoso social e individual, no qual o processamento e a transmissão de dados, a televisão e a telecomunicação, a ocupação de trabalho e a de lazer, a de concentração e a de distração, a de *in* e a de *out*, o ser notado e ignorado, passam um no outro até a indistinção. Carregar, emitir e receber dados tornam-se a atividade em geral. A coerção à ocupação se especifica em coerção à emissão (*Sendezwang*). Essa se torna, porém, uma manifestação existencial de vida. Emitir significa ser percebido: ser. Não emitir significa não ser – não apenas pressentir o *horror vacui* do deitar ocioso, mas ser tomado por um sentimento: de fato, não há eu de modo algum (Türcke, 2002:43).

Capítulo 6

Indústria cultural no Brasil

Depois de termos visto como a indústria cultural globalizou-se especialmente na última década do século XX, seria interessante mostrar que sua vocação internacionalizante nunca se limitou ao fato de que as mercadorias culturais – especialmente filmes e discos – daqueles países pioneiros nesse tipo de produção circulavam por quase todo o mundo, mas que a própria ideia de produzir esses bens se alastrou não apenas pelos países mais industrializados do hemisfério norte, mas também por aqueles que, no hemisfério sul, iniciavam, nos primeiros decênios do século passado, seu processo de industrialização e, em consequência dele, um enorme crescimento de suas cidades e um adensamento da vida urbana, com o mesmo tipo de demanda por entretenimento que vimos ocorrer na Europa da segunda metade do século XIX. Tal foi exatamente o caso do Brasil, e neste capítulo pretendo recuperar resumidamente os eventos históricos mais importantes no desenvolvimento da indústria cultural em nosso país, mostrando, por outro lado, como os cinco operadores examinados no terceiro capítulo se aplicam perfeitamente bem aos principais fenômenos da cultura de massas brasileira.

6.1 Indústria cultural num país periférico?

Como se viu no primeiro capítulo deste livro, pode-se estabelecer como marco de fundação da indústria cultural propriamente dita o início da operação dos grandes estúdios em Hollywood, mesmo que na Europa, a partir de finais do século XIX, importantes experiências nesse sentido já viessem sendo realizadas. O Brasil, que, como se disse acima, passava por um processo de crescimento urbano no início do século XX, se revelou nessa época um consumidor importante das mercadorias culturais produzidas tanto nos Estados Unidos quanto na Europa. A economia cafeeira, que impulsionava um começo de industrialização nos ramos convencionais da economia, provavelmente terá constituído também a base sobre a qual paulatinamente se ergueu uma cultura de massas com feições bem próprias. Como veremos a seguir, a partir do começo da década de 1930, quase simultaneamente, teve início o sistema comercial de rádio e as primeiras tentativas de constituição de estúdios cinematográficos de grande porte, inspirados exatamente pelas enormes instalações construídas em Hollywood 15 anos antes. Na década de 1940 houve um importante intercâmbio entre a ainda incipiente indústria cinematográfica brasileira e a já hiperconsolidada norte-americana, simbolizado principalmente pela figura de Carmen Miranda, que, tendo iniciado sua carreira de atriz de cinema no Brasil, foi – como parte da chamada política de boa vizinhança estadunidense na época da Segunda Guerra Mundial – para Hollywood, onde estrelou, durante um contrato de cinco anos com a 20th Century-Fox, filmes de grande sucesso como *Down Argentine ways* (1940), *That night in Rio* (1941), *Weekend in Havana* (1943) e *Four jills in a jeep* (1945).

É importante ressaltar que, desde esses primórdios, em que quase tudo nas indústrias cinematográfica e radiofônica brasileiras era feito do modo mais improvisado que se puder imaginar, a indústria cultural no Brasil se profissionalizou enormemente, exportando atualmente filmes, tais como *Central do Brasil* e *Cidade de Deus*, dentre outros, para muitos países e ostentando várias redes de televisão que transmitem seu sinal via satélite para todo o país (e, em alguns casos, também para o exterior), sendo que algumas delas distribuem também telenovelas e outros produtos para os quatro cantos do mundo. Também no tocante à digitalização dos meios, abordada no capítulo anterior, a indústria cultural brasileira apresenta números impressionantes: apesar da exclusão social de amplas camadas da população, dados da Fundação Getulio Vargas de abril de 2008 apontam para a existência de 50 milhões de computadores em operação no Brasil (para uma população pouco menor que 200 milhões de habitantes), sendo que há projeções de um computador para cada dois brasileiros em 2011. A maior parte dos usuários desses 50 milhões de computadores acessa a internet, sendo que esse uso supera, em número de horas, o de países como França, Estados Unidos, Austrália e Japão. É interessante observar ainda que o Brasil, desde 2007, conta com um sistema de TV digital aberta, o qual se limita, nesse momento, a algumas regiões metropolitanas de capitais brasileiras, mas que deve se expandir nos próximos anos até atingir todo o território nacional.

6.2 Rádio e cinema

O início das transmissões de rádio no Brasil remonta ao ano de 1922, quando, durante as comemorações do centenário da Independência, discursos e concertos foram transmitidos para vários pontos do Rio de Janeiro e São Paulo, com equipamento e suporte técnico cedidos pela Westinghouse International Company e pela Western Electric Company. As transmissões regulares de rádio se iniciaram no ano seguinte, com a criação da Rádio Sociedade do Rio de Janeiro e a Rádio Clube de Pernambuco, que ainda não eram estações comerciais, mas mantidas pelas contribuições dos seus membros, pertencentes a uma elite capaz de pagar os altíssimos preços dos receptores de rádio naquela época. Numa situação que lembra o que se disse, no primeiro capítulo, sobre os primórdios do rádio na Europa, a programação dessas estações refletia o caráter elitizado dos seus ouvintes, veiculando principalmente palestras sobre assuntos mais sérios e música erudita (cf. Casé, 1995:29).

Essa situação começou a mudar quando surgiu, em 1930, o rádio comercial, com a fundação da Rádio Phillips – uma estação pertencente à indústria eletrônica holandesa homônima, criada exatamente para alavancar as vendas dos seus receptores. De 1932 a 1937 foram criadas 63 estações de rádio em praticamente todos os estados do Brasil (cf. Martins, 1999:58). Rafael Casé chama a atenção para o fato de que o espírito do rádio comercial que se consolidou posteriormente no país se iniciou em 1932 com o início das transmissões do *Programa Casé*, produzido por seu avô, o pioneiro da radiodifusão Ademar Casé, que era um ouvinte das estações norte-americanas e inglesas de ondas curtas e se propôs a implantar no Brasil um tipo de rádio em bases semelhantes. Seu programa, inicialmente transmitido na Rádio Phillips, conquistou uma enorme audiência e introduziu práticas inexistentes nas estações não comerciais, como a publicidade e os *jingles*. Artistas populares de grande talento foram revelados no *Progra-*

ma Casé, como, por exemplo, Noel Rosa, que chegou a ter um quadro fixo no qual apresentava sátiras e comentários sobre a política e a sociedade da época através de pequenas canções.

Em 1936 foi fundada por um grupo privado a Rádio Nacional, no Rio de Janeiro, a qual veio a se tornar o meio de comunicação mais influente no Brasil até o surgimento da televisão, na década de 1950 (que ocasionou a decadência do rádio). No ano seguinte, como se sabe, Getúlio Vargas transformou, por meio de um golpe militar, o governo provisório, estabelecido a partir da Revolução de 1930, no regime ditatorial que ficou conhecido como "Estado Novo", o qual tinha todo o interesse não apenas em censurar os meios de comunicação existentes, mas em controlar diretamente alguns deles. Nesse processo, em virtude de dívidas não pagas à União, por parte dos seus proprietários, a Rádio Nacional foi estatizada, em 1941, e passou a transmitir por ondas curtas seus programas para todo o território brasileiro, inaugurando uma era de evidente profissionalismo na indústria cultural brasileira. Durante toda a década de 1940, essa estação, que chegou a ter quatro orquestras e dois conjuntos regionais, após ter contratado os melhores atores e atrizes, musicistas, diretores, produtores e roteiristas da época, chamou a atenção de todo o país com os seus programas de auditórios e radionovelas. A primeira delas, *Em busca da felicidade*, foi produzida nesse mesmo ano de estatização da Rádio Nacional e iniciou uma história que deu origem às atuais telenovelas – o produto mais típico da cultura de massas brasileira.

É interessante observar que, pelo menos no caso da Rádio Nacional, havia um investimento estatal direto na radiodifusão, o que, aliado ao fato de que as verbas de publicidade podiam ser investidas na própria estação, inclusive na contratação de pessoal e na modernização dos equipamentos, fez com que essa se tornasse o principal *medium* da indústria cultural brasileira, sobrepujando grandemente o cinema, numa situação inversa à da cultura de massas norte-americana, na qual a indústria cinematográfica era o carro-chefe.

É digno de nota que o início da indústria cinematográfica brasileira, a exemplo do que ocorreu com o rádio comercial, também coincidiu com a Revolução de 1930. De modo igualmente análogo, houve, ao longo da década de 1920, uma série de experiências de confecção "artesanal" de filmes, de modo totalmente descentralizado – difundido inclusive por pequenas cidades de várias partes do Brasil. Paulo Augusto Gomes mostrou que, em Minas Gerais, por exemplo, não apenas na capital, mas também no interior do estado, filmes de ficção foram rodados por pioneiros como Igino Bonfioli e Clementino Doti (em Belo Horizonte), Paulo Benedetti (em Barbacena), Francisco Fleming (em Pouso Alegre), Carlos Masotti (Guaranésia) e Humberto Mauro e Pedro Comello (Cataguases) e Luiz Renato Bréscia (em Juiz de Fora) (Gomes, 2008, passim). O que determinou a descontinuidade desse tipo de experiência fílmica localizada e grandemente artesanal foi o surgimento e a consolidação do filme sonoro como o padrão da indústria cinematográfica: sua realização dependia de equipamentos muito mais caros e sofisticados, incompatíveis com as condições precárias em que foram feitas as talvez centenas de filmes mudos pelo Brasil afora nos anos 1920.

O primeiro longa-metragem brasileiro (ainda mudo), *Barro humano*, foi dirigido pelo supracitado Humberto Mauro, a quem coube o papel de mediador entre aquela primeira fase, "heroica", do cinema brasileiro, e a fase seguinte, aspirante à produção nos moldes já grandemente industrializados da produção europeia e – principalmente – norte-americana. O produtor desse primeiro longa-metragem feito no Brasil, em

1929, Ademar Gonzaga, fundou no ano seguinte o *Cinédia*, primeiro estúdio brasileiro moldado em bases industriais, tomando como exemplo os hollywoodianos. Gonzaga empregou toda a sua herança familiar na construção das instalações e na compra dos equipamentos mais modernos existentes à época, dos mesmos modelos usados no sul da Califórnia. Ainda em 1930 foi lançado o primeiro longa-metragem sonoro brasileiro, *Lábios sem beijos*, o qual iniciou uma série de mais de 60 longas-metragens, levando em conta também as coproduções e as participações em menor escala. Entre esses se encontram os primeiros filmes em que apareceu Carmen Miranda, *Alô, Alô, Brasil!* (1935) e *Alô, Alô, Carnaval* (1936). Além dos longas-metragens, a Cinédia produziu centenas de curtas-metragens noticiosos, que cobriam os principais acontecimentos da semana e eram exibidos antes do programa principal nas sessões de cinema (cf. Gonzaga, 1987, passim).

Diferentemente do que se viu acima no tocante ao rádio, não havia qualquer investimento direto do Estado Novo no cinema, apenas censura ideológica e de costumes, o que acarretou grandes dificuldades à incipiente indústria cinematográfica brasileira, que iam desde a dificuldade de exibição de suas produções (nas salas monopolizadas pelas distribuidoras de filmes estrangeiros) até a falta de celuloide para rodar os filmes, principalmente durante a Segunda Guerra Mundial. No entanto, a produção cinematográfica brasileira soube tirar proveito máximo da condição do rádio como meio principal da indústria cultural local, entrando com ele numa espécie de simbiose, por meio da qual os ainda poucos estúdios produtores tinham chance de colocar os seus produtos em todo o território brasileiro, que era atingido pelo rádio, especialmente pela Rádio Nacional, possuidora de todos aqueles trunfos já mencionados. Assim, a indústria cinematográfica recrutava os mesmos talentosos atores e atrizes, diretores, roteiristas e produtores, maestros e instrumentistas que já tinham carreiras de sucesso no rádio, de modo que, principalmente no tocante aos seus intérpretes, o público em todos os rincões do Brasil tinha nos filmes – já que ainda não havia televisão – sua única oportunidade de ver "com os próprios olhos" como eram visualmente seus ídolos, cujas vozes eram ouvidas atenta e diariamente nos receptores de ondas curtas. É interessante observar que, nos filmes, tendia a haver uma espécie de síntese da programação radiofônica (excetuando-se os noticiários e os esportivos), que era composta principalmente de programas de auditório (humorísticos e musicais, com apresentação de calouros e artistas consagrados) e de radionovelas. Destas últimas, os filmes conservavam os enredos simplistas e frequentemente melodramáticos, e dos programas de auditórios mantinham a estrutura que alternava *sketchs* humorísticos com números musicais, à moda dos "teatros de revista" populares à época, que, como se viu no primeiro capítulo deste livro, ostentavam o esquema adotado já nos *variétés* apresentados nos *music halls* das regiões industriais da Europa e dos Estados Unidos, mesmo antes do surgimento da indústria cultural propriamente dita.

Procedimento análogo ao adotado pelos produtores cinematográficos se deu de modo igualmente claro no tocante à indústria fonográfica. A enorme penetração do rádio, não apenas nas regiões mais urbanizadas, mas também nos confins do Brasil, fez dele uma vitrine para a venda dos discos, produzidos no país majoritariamente por sucursais das grandes empresas internacionais, tais como a Victor (posteriormente RCA-Victor), a Odeon (e o seu selo de fachada Parlophon), a Columbia etc. (cf. Frota, 2007:52 e segs.).

A mencionada simbiose entre rádio, cinema e indústria fonográfica fez da cultura de massas brasileira nessa sua primeira fase um "sistema", de um modo tão palpável que, no meu entender, a aplicação da expressão "indústria cultural" pode ocorrer sem maiores problemas. No entanto, para maior clareza nesse sentido, é interessante empregar aqueles tópicos que definimos no terceiro capítulo como "operadores" da indústria cultural para averiguar até que ponto eles se aplicam à situação brasileira.

No que diz respeito à manipulação retroativa, é evidente que a produção das mercadorias culturais supria demandas reais de uma população cada vez mais urbana, por um lado, e massificada, por outro. O caráter manipulador desses produtos se devia principalmente ao fato de que sobre eles pairava a censura do DIP (Departamento de Imprensa e Propaganda) da ditadura Vargas, de modo que deles estavam *a priori* excluídas manifestações políticas que não fossem do mesmo nacionalismo e do mesmo espírito de modernização conservadora assumido, a partir de 1937, pelo Estado Novo. Além desse aspecto mais diretamente político, em muitos casos, especialmente nos filmes que ficaram conhecidos como "chanchadas", é possível observar a manipulação retroativa como exibição, nos roteiros, de soluções marcadamente moralistas para os conflitos afetivos oriundos da própria vida urbana, nas metrópoles industriais, tais como ameaças (ou consumações) de adultérios etc.

De modo semelhante, a usurpação do esquematismo aparece nas produções da indústria cultural brasileira de modo muito evidente. Levando-se em conta que esse mecanismo ocorre em graus diferentes de generalidade, pode-se dizer que há uma expropriação do esquematismo mais "universal" e outra mais "particular". O primeiro caso diz respeito a uma chave de compreensão geral da realidade, adotada pela massa a partir de um ponto de vista extrínseco ao seu próprio. O segundo designa pontos de vista que podem ser adotados *ad hoc*, de acordo com circunstâncias específicas e até mesmo obedecendo a limitações técnicas do *medium* através do qual o produto é veiculado. Este último tipo de usurpação do esquematismo é desvendado mais apropriadamente por meio da análise de produções específicas, o que não seria oportuno num livro como este, de modo que me limito, aqui, a delinear algumas características desse procedimento no seu caso mais geral.

Torna-se evidente que era essencial para o projeto político de Getúlio Vargas que não apenas os discursos, mas as canções e até mesmo os jogos de futebol transmitidos pela Rádio Nacional ensinassem às massas o modo "correto" de perceber as coisas, que deveria funcionar também como uma espécie de filtro através do qual a realidade deveria ser vista. Considerando o caráter nacionalista do Estado Novo, o método correto de perceber a realidade estaria intimamente relacionado com o "privilégio" de ser brasileiro: as pessoas comuns poderiam ser pobres, subnutridas e ignorantes, mas eram, por outro lado, abençoadas por Deus por terem nascido e crescido neste país. Desse modo, não apenas tipos populares caracterizados nos programas humorísticos como o *PRK 30*, mas também a esmagadora maioria dos heróis e heroínas das chanchadas e das radionovelas, experimentavam obstáculos importantes ao seu sucesso pessoal, tais como pobreza, ignorância, origem interiorana ou suburbana, ou sujeição à discriminação racial, os quais eram superados pelo "jeitinho brasileiro".

Essa chave de compreensão da realidade acabou por determinar uma espécie de "estilo", tal como entendida, aqui, como um operador básico da indústria cultural. Poder-se-ia quase dizer que, na maior parte das vezes, a "domesticação do estilo" é a contraparte objetiva de um processo que tem a usurpação do esquematismo como seu aspecto subjetivo. Desse modo, a versão brasileira do *rags to riches* (da miséria à fortuna), mediatizada pelo tipo de obstáculo característico mencionado acima, e solucionada pelo jeitinho brasileiro, já predispõe a certas invariantes estilísticas que instituíram uma espécie de "idioma" típico, por exemplo, das chanchadas brasileiras: a não ser por detalhes e pelos "números" musicais diversificados, tem-se a impressão de se estar vendo sempre o mesmo filme (como ocorre também na dita "música popular").

É evidente que esse "estilo" petrificado, característico dessa primeira fase da indústria cultural brasileira, relaciona-se intimamente com o que chamei acima de "despotencialização do trágico". Por trás dessa *maneira*, típica dessas mercadorias culturais, que, aliás, hoje nos parecem de uma tocante ingenuidade, está o esquema do *getting into trouble and out again*, o qual foi já apresentado, segundo a crítica de Horkheimer e Adorno, como a caricatura do trágico, na qual inexiste a subjetividade forte o suficiente para se contrapor à ameaça das forças universais, potencialmente aniquiladoras. Os anti-heróis e anti-heroínas dos produtos culturais em questão superam suas dificuldades apenas na medida em que se recolhem à sua própria insignificância e sua vitória não passa por sua autoafirmação perante as forças opressoras, mas apenas por terem sub-repticiamente se perfilado junto a elas.

O último operador, o "fetichismo das mercadorias culturais", aparece claramente na formação, durante esse período da indústria cultural brasileira, de um numeroso público, não limitado às capitais dos estados, nem às cidades maiores do interior, com sua amplitude coincidindo, portanto, com a própria extensão geográfica do Brasil. Desse modo, o processo de fetichização dos bens culturais assumiu, em nosso país, feições um pouco mais semelhantes às do ocorrido nos Estados Unidos, quando comparado com o que se deu na Europa. Em tal continente, a presença da cultura erudita burguesa difundiu-se e consolidou-se de modo muito mais robusto do que ocorreu no Novo Mundo, onde o crescimento urbano, além de obedecer a peculiaridades locais ou nacionais, se deu mais tardiamente e com a característica de que as populações migradas das zonas rurais tiveram ainda menos contato com aquele tipo de cultura mais elaborada do que ocorreu na Europa, resultando que, nas Américas, ele provavelmente nunca chegou a desempenhar um papel importante num setor numericamente expressivo da população. Em outras palavras, especialmente no caso brasileiro, o fetichismo diz respeito quase que meramente ao inteirar-se, por parte dos indivíduos, diretamente dos últimos lançamentos cinematográficos ou fonográficos, principalmente através do rádio, com o seu enorme alcance em termos de extensão territorial. Aquele elemento de prestígio por estar em contato com uma cultura tida por superior, que, segundo Horkheimer e Adorno, é a base do fetichismo das mercadorias culturais "clássicas", praticamente inexistia no caso brasileiro, em virtude da irrelevância quantitativa desse tipo de cultivo. Mas, para uma população que sofria nas grandes cidades com a carência acentuada de infraestrutura urbana básica ou, nos rincões do país, com a total falta de perspectivas de vida, contar com o tipo de estímulo cultural oferecido pelo rádio (que prometia também o prazer de vir a possuir um gramofone ou até mesmo a possibilidade de frequentar o cinema), mesmo que não houvesse exatamente uma "fruição" dos produtos por ele veiculados, já era um grande luxo, quase a "finalidade sem fim" que Kant postulara para o objeto candidato a belo e que foi incorporada pelos autores da *Dialética do esclarecimento* na sua concepção de fetichismo dos bens culturais como absorção do valor de uso pelo valor de troca.

6.3 A televisão: telenovela e telejornal

A situação descrita acima sobre o predomínio do rádio perdurou até o início da década de 1950, quando se deu o início das transmissões de televisão, as quais determinaram uma mudança drástica no padrão da indústria cultural no Brasil. A televisão, que transmitia pelo ar simultaneamente imagem e som, dispensava aquela complementaridade mencionada acima, segundo a qual os filmes forneciam a informação visual (já integrada à auditiva) que faltava ao rádio, ameaçando, pela economia de meios que representava, a própria existência de ambos os *media*.

A primeira transmissão televisiva no Brasil ocorreu em São Paulo, nos estúdios da TV Tupi, fundada por Assis Chateaubriand como parte de sua empresa de comunicação "Diários Associados", a qual já possuía muitos jornais e estações de rádio espalhados por todo o país. Nos anos seguintes, vários outros canais passaram a funcionar, tais como a TV Tupi e a TV Rio, no Rio de Janeiro, a TV Record e a TV Paulista, em São Paulo, e a TV Itacolomi, em Belo Horizonte. Em 1956, o grupo de Chateaubriand, que já possuía a TV Tupi, do Rio, e a Itacolomi, de Belo Horizonte, abriu canais em Curitiba, Porto Alegre, Salvador, Recife, Fortaleza, Campina Grande, São Luís, Belém e Goiânia, tornando-se a primeira cadeia nacional de estações de televisão no Brasil.

Como na década de 1950 não havia ainda no país uma legislação específica sobre telecomunicações, as responsabilidades do setor público e do setor privado não estavam muito bem definidas, o que obrigou os próprios canais a providenciar a estrutura física necessária, tais como torres de transmissão e outros equipamentos essenciais. Apenas em 1962, com a promulgação do Código Brasileiro de Telecomunicações, ficou estabelecido que a instalação de toda a infraestrutura seria responsabilidade do Estado, não havendo, por outro lado, em virtude da pressuposição de uma necessária concorrência entre as estações, qualquer tipo de mecanismo contra a formação de cartéis (cf. Simões & Mattos, 2005:35-54). Durante a década de 1950, isso não chegou a ser um problema, pois, na prática, havia concorrência entre os canais existentes à época, majoritariamente não organizados em redes. Essa situação começou a mudar após o golpe militar de 1964, quando, apenas um ano depois, começou a operar, no Rio de Janeiro, a TV Globo.

Essa estação, pertencente à família Marinho, proprietária de jornais e estações de rádio, em pouco tempo já possuía filiais em São Paulo, Recife, Belo Horizonte e Brasília. Depois de se associar também a canais independentes em várias unidades da federação, a TV Globo foi a primeira a transmitir parte de sua programação, em rede, para todo o país, beneficiando-se da legislação vigente, que determinava a responsabilidade estatal na oferta de infraestrutura completa de telecomunicações, e também do ímpeto de modernização conservadora por parte dos militares, interessados, por outro lado, num tipo de justificação ideológica para seu projeto autoritário, apoiado pelos Estados Unidos em sua campanha anticomunista do auge da "Guerra Fria". O provimento dessa justificação ideológica não era problema para a Rede Globo, que desde o início se identificou com o projeto dos militares; não por acaso, a partir desse período, começou o declínio do império de telecomunicações construído nos anos 1950 por Chateaubriand e se iniciou a ascensão daquele iniciado pelos Marinho até atingir o seu apogeu no final da década de 1980:

> Em 1987, a receita anual estimada da TV Globo era da ordem de US$ 500 milhões e o seu valor patrimonial atingia US$ 1 bilhão. Com 12 mil funcionários, era a quarta maior rede privada do mundo, atrás apenas das norte-americanas CBS, NBC e ABC. Absorvia dois terços da verba destinada à televisão e tinha uma audiência potencial de 80 milhões de telespectadores, abrangendo 98% do território nacional (Barbosa e Ribeiro, 2005:218).

Tendo como acionista, nos primeiros anos de funcionamento, o grupo norte-americano Time-Life (atualmente Time-Warner-AOL), a TV Globo introduziu no Brasil muitas inovações tecnológicas e metodológicas, baseando sua grade de programação principalmente em jornalismo e telenovelas. No que tange ao jornalismo, além do pioneirismo na transmissão, via satélite, para todo o país, a TV Globo introduziu o uso de câmeras portáteis e de unidades móveis de transmissão, o que permitia uma abordagem mais dinâmica dos eventos por ela cobertos, de acordo com as necessidades ideológicas e mercadológicas do momento (cf. Barbosa e Ribeiro, 2005:205-222).

No que tange às telenovelas, a TV Globo se apropriou, adaptando para a linguagem de televisão, de uma tradição de produções que remontava aos primórdios do rádio, na década de 1930, e que foi continuada na televisão no início dos anos 1950. A inovação introduzida pela TV Globo foi a adoção de altos padrões de profissionalismo na produção e na distribuição dos produtos, confeccionados em bases propriamente industriais e colocados no mercado de modo altamente rentável em termos de captação de verbas publicitárias, inclusive com a introdução, nas telenovelas, da técnica de *merchandising*, por meio da qual não se explicita que a exibição de um produto integrada no roteiro de um capítulo é publicidade comercial, quando, na verdade, o é.

Do ponto de vista do conteúdo, embora algumas telenovelas com temas históricos, tais como *Escrava Isaura*, tenham alcançado sucesso internacional, a TV Globo encontrou uma fórmula de trazer a moderna vida urbana brasileira para a telinha (de um modo, inclusive, mais adequado ao uso de *merchandising*), apresentando, mesmo que sem qualquer aprofundamento na discussão, questões atuais, tais como homoerotismo, preconceito racial e social etc. Esse caráter de "modernidade" assumido pelas telenovelas da TV Globo, aliado ao fato de que as temáticas abordadas dizem respeito à realidade contemporânea de outros países, tem lhe garantido aceitação não apenas no Brasil:

> Uma avaliação mais acurada sobre a produção de telenovelas nas últimas décadas permite perceber que apenas a Rede Globo conseguiu manter um reconhecido padrão de qualidade, com telenovelas que são bem-sucedidas tanto em relação aos receptores quanto em relação ao mercado de bens simbólicos, nacional e internacional. Como já é de conhecimento público, as telenovelas brasileiras são exportadas a diversos países e já têm seu lugar garantido no circuito mundializado da cultura (Borelli, 2005:200, nota 27).

Para concluir esta breve abordagem sobre a indústria cultural no Brasil, a exemplo do que foi feito em relação ao sistema rádio-cinema, indicarei possíveis modos de reconhecer na televisão brasileira os procedimentos básicos da indústria cultural, tal como apontados na crítica de Horkheimer e Adorno. No que concerne à manipulação retroativa, pode-se dizer que a demanda básica que existia por entretenimento na época de vigência do sistema rádio-cinema aumentou enormemente à medida que o Brasil passou por períodos de inequívoco crescimento industrial, os quais acarretaram, por sua vez, um aumento enorme no mercado potencial para produtos culturais industrializados. Para além dessa demanda básica, faz parte desse mecanismo a oferta de bens imateriais que atendam a necessidades afetivas, libidinais, das pessoas, seja no plano individual, seja no coletivo. Seria simplismo querer reduzir a manipulação retroativa – um dos mecanismos mais sutis da cultura de massas – a apenas um procedimento padrão na televisão brasileira, mas, por outro lado, não é equivocado apresentar a estratégia, consolidada pela TV Globo nos anos 1970, de retratar na telinha a experiência da vida moderna nas grandes cidades brasileiras (tomando como paradigma principalmente o Rio de Janeiro, mas também, eventualmente, São Paulo), no âmbito da qual os conflitos pessoais e familiares têm como pano de fundo questões sociais, e ocasionalmente até mesmo políticas, resultando num produto que não é apenas melodramático e de puro entretenimento, mas que possui alguma "seriedade". Desse modo, nas telenovelas, por exemplo, não apenas o *rags to riches* – típico da indústria cultural norte-americana (e internacional) – aparece *ad nauseam* nos roteiros, mas também questões como a do desaparecimento de pessoas, da doença mental crônica, da homossexualidade etc., são apresentadas e até certo ponto discutidas. É interessante observar que, com a redemocratização do país a partir de 1985, começou-se a admitir a menção de temas mais politizados, os quais eram terminantemente proibidos durante a ditadura militar, da qual a

TV Globo era uma espécie de porta-voz oficiosa. O aspecto de manipulação retroativa se destaca exatamente no fato de que a apresentação das mencionadas questões, de fato relevantes, é feita como se os problemas abordados caíssem do céu e não fossem decorrências de patologias específicas da fase monopolista do capitalismo tardio. Em virtude dessa estratégia, o conformismo das pessoas, que é um dos resultados almejados (ao lado da lucratividade) pela indústria cultural, é reduplicado, pois o telespectador ainda fica com a sensação de estar sensibilizado para um problema contemporâneo relevante, quando está comprando um "pacote", que inclui não apenas a conformidade ao *status quo*, mas também a disposição para o consumo das mercadorias indicadas no *merchandising* furioso das telenovelas.

É correto dizer que esse mecanismo se insere numa estratégia mais ampla da indústria cultural brasileira, presente não tanto nas telenovelas quanto nos produtos de jornalismo, que chamo de "vocação filantrópica". Ela me parece muito típica do modelo vigente em nosso país, no qual não apenas a população rural de áreas mais distantes, mas também as massas urbanas pauperizadas – esmagadora maioria nas grandes cidades –, é, desde sempre, quase totalmente desassistida pelo Estado, vivendo numa carência enorme de serviços básicos como saúde, educação, assistência jurídica etc. É aí que entra a indústria cultural, perfilando-se aparentemente do lado dessa população mais pobre, ao interpelar publicamente as instâncias estatais sobre o não fornecimento dos serviços para os quais os impostos são pagos, obrigando o poder público a se explicar etc. Em muitos casos, a filantropia é executada diretamente pelos meios de comunicação, através de campanhas de arrecadação de fundos para pessoas carentes ou mesmo de prestação direta dos serviços que o Estado deveria prestar, num dia inteiro de "promoção da cidadania", numa comunidade especialmente desprovida de recursos.

No que tange à usurpação do esquematismo, é evidente que a televisão, meio dominante da cultura de massas brasileiro por mais de 50 anos, tem plena capacidade de realizar esse procedimento, tendo em vista o seu caráter naturalmente mais realístico que o cinema (que, como visto, esteve a reboque do rádio na primeira fase da cultura de massas no Brasil). Desse modo, ambos os aspectos – o mais geral e o mais específico – da expropriação do esquematismo podem ser claramente identificados nos dois produtos mais importantes da televisão brasileira: a telenovela e o telejornalismo. No que diz respeito ao seu aspecto mais geral, o ponto de vista imposto sub-repticiamente reforça a supramencionada sugestão de que há uma peculiaridade em ser brasileiro, amplamente compensatória das mazelas a que as pessoas comuns estão sujeitas neste país. No caso da televisão, sua aura de alta tecnologia e de espelho refletor da vida das grandes cidades acrescenta ao referido chauvinismo latente a gratificação de participar de uma sociedade moderna e progressista. É interessante observar que telenovela e telejornal – gêneros que, não obstante a enorme diferença de objetivos, são cada vez mais próximos um do outro em termos de conteúdo – apresentam uma espécie de movimento pendular na retratação dos aspectos arcaico e moderno da vida brasileira.

Quanto ao aspecto mais particular da expropriação do esquematismo, é inegável que a qualidade técnica – agora digital – das imagens coloridas e dos sons estereofônicos, associada à atmosfera naturalista produzida pela concepção mesma dessas mercadorias culturais, sugere um tipo de emulação com a própria realidade exterior. Isso abre caminho para a possibilidade de as pessoas, que já apresentam certas tendências psicológicas para o escapismo, viverem num mundo bastante peculiar, no qual se misturam ficção e realidade. Embora esse tipo de alienação alivie as pessoas atingidas do sofrimento de ter de encarar e compreender a realidade tal como ela é, seu resultado é muito mais um reforço da alienação do que alguma ameaça ao sistema capitalista.

O mencionado naturalismo das mercadorias televisivas tem diretamente a ver com a domesticação do estilo na indústria cultural brasileira, uma vez que ele perpassa tanto a atuação dramática nas telenovelas quanto a descontração calculada dos apresentadores de telejornais e outros produtos jornalísticos, sendo que o realismo do *medium* televisão, agora reforçado pelo sinal aberto digital, funciona como um reforço poderoso para o engessamento estilístico, apesar de todo o potencial que os recursos tecnológicos têm no sentido de expressar a criatividade humana de um modo não comprometido nem com a lucratividade, nem com a geração de conformismo.

A despotencialização do trágico é também muito facilmente identificável nas produções da televisão brasileira. Como já se disse, um de seus pilares é a telenovela, cuja principal característica é a geração – forte, mas superficial – daquela intensidade de sentimentos que Horkheimer e Adorno observaram como sendo a revelação da verdade sobre a catarse pela indústria cultural (cf. Horkheimer e Adorno, 1981:166). A mesma fórmula identificada por eles como *getting into trouble and out again* ("meter-se em apuros e depois sair"), que vimos predominar nos programas de rádio e nos filmes brasileiros das décadas de 1930 e 1940, aplica-se majoritariamente às telenovelas, com a peculiaridade de que o *out again*, "depois sair", normalmente é muito adiado, pois a duração média desse tipo de produto está entre 150 e 200 capítulos.

Outro exemplo da despotencialização do trágico pode ser encontrado, por incrível que isso possa parecer, também no telejornalismo. Em virtude da já mencionada característica de seu conteúdo convergir tendencialmente com o das telenovelas – enquanto essas se tornam mais "realistas", ele se torna mais ficcional –, a aplicabilidade da fórmula *getting into trouble and out again* nos produtos jornalísticos cresce a olhos vistos. Não que o que acontece não seja de algum modo noticiado, mas com uma moldura narrativa cada vez mais forte e, sempre que possível, enfatizando um final feliz que pode se coadunar mais ou menos com a realidade.

No que concerne ao fetichismo das mercadorias culturais, salta aos olhos que, nos mesmos termos definidos acima para o rádio e o cinema brasileiros, o binômio telenovela/telejornal estabeleceu um âmbito particular, em cuja participação criou-se um fanatismo tão grande que praticamente já não é possível nele distinguir valor de troca do valor de uso. Isso significa que a definição de fetichismo, dada por Horkheimer e Adorno, como absorção deste por aquele, se aplica de um modo *sui generis* à televisão brasileira, já que a identidade do valor de troca com o valor de uso pode ser pensada como resultado de uma completa absorção do segundo pelo primeiro. Desse modo, o fetichismo das mercadorias culturais pode ser claramente percebido no fato de que aqueles que ignoram ou não estão acompanhando as telenovelas mais assistidas do momento não são tidos como pessoas confiáveis: ou são considerados arrogantes, ou simplesmente vistos como extraterrestres.

Tendo usado os cinco procedimentos identificados na crítica de Horkheimer e Adorno à cultura de massas como critérios para aferir até que ponto é possível se dizer que temos uma indústria cultural no Brasil e, no caso positivo, em que medida ela possui alguma especificidade, me parece que, para ambas as perguntas, a resposta é sim. É evidente que muitas outras questões a esse respeito nem sequer foram colocadas, mas o serão – e respondidas, na medida do possível – em outra oportunidade.

Referências bibliográficas

ADORNO, Theodor. On Popular Music. *Studies in Philosophy and Social Science*, New York, 9, 1941.

_____. *Dissonanzen. Musik in der Verwalteten Welt*. Göttingen: Vandenhoeck & Ruprecht, 1982.

_____. *Minima Moralia*. Frankfurt am Main: Suhrkamp, 1987.

_____. *The stars down to earth and other essays on the irrational in culture*. London and New York: Routledge, 1994.

_____. Ästhetische Theorie. In: *Gesammelte Schriften 7*. Frankfurt (M): Suhrkamp, 1996a.

_____. Eingriffe. Neuen kritische Modelle . In: *Gesammelte Schriften 10-2*. Frankfurt am Main: Suhrkamp, 1996b.

_____. Ohne Leitbild. Parva Aesthetica. In: *Gesammelte Schriften 10-1*. Frankfurt am Main: Suhrkamp, 1996c.

_____; EISLER, Hans. Komposition für den Film. In: *Gesammelte Schriften 15*. Frankfurt am Main: Suhrkamp, 1976.

_____; HORKHEIMER, Max. Dialektik der Auflärung. In: *Gesammelte Schriften 3*. Frankfurt am Main: Suhrkamp, 1981 (tradução para o português de Guido Almeida: *Dialética do Esclarecimento*. Rio de Janeiro, Jorge Zahar Editor, 1984).

_____ et alii. *Studien zum autoritären Charakter*. Frankfurt am Main: Suhrkamp, 1989.

ARAÚJO, Joel Zito. *A negação do Brasil*. O negro na telenovela brasileira. São Paulo: Senac, 2000.

ARISTÓTELES. Poética. In: *Obras*. Tradução, preâmbulos e notas por Francisco de P. Samaranch. Madrid: Aguilar, 1982.

BALLERINI, Franthiesco. *Diário de Bollywood*. Curiosidades e segredos da maior indústria de cinema do mundo. São Paulo: Summus, 2009.

BARBOSA, Marialva; RIBEIRO, Ana Paula Goulart. Telejornalismo na Globo: vestígios, narrativa e temporalidade. In: BRITTOS Valério Cruz ; BOLAÑO, César Ricardo (orgs.). *Rede Globo – 40 anos de poder e hegemonia*. São Paulo: Paulus, 2005

BAUGH, Bruce. Left-Wing Elitism. Adorno on popular culture. *Philosophy and Literature*. v. 14, n. 1, p. 65-78.

BECK, Ulrich (org.). *Kinder der Freiheit*. Frankfurt am Main: Suhrkamp, 1998a.

_____. *Was ist Globalisierung?* Frankfurt am Main: Suhrkamp, 1998b.

_____; GIDDENS, Anthony; LASH, Scott. *Reflexive Modernisierung. Eine Kontroverse*. Frankfurt a.M.: Suhrkamp, 1996 (edição brasileira: *Modernização reflexiva. Política, tradição e estética na ordem social moderna*. São Paulo: Unesp, 1997).

BEHRENS, Roger. *Pop Kultur Industrie*. Würzburg: Königshausen & Neumann, 1996.

BENJAMIN, Walter. Das Kunstwerk im Zeitalter seiner technischen Reproduzierbarkeit. Frankfurt am Main: Suhrkamp, 1987.

_____. *Angelus Novus. Ausgewählte Schriften 2*. Frankfurt am Main: Suhrkamp, 1990.

_____. Der Erzähler. Betrachtungen zum Werk Nikolai Lesskows. In: *Gesammelte Schriften*, v. II-2. Frankfurt am Main: Suhrkamp, 1991a.

_____. *Gesammelte Schriften*, v. I-2, Frankfurt am Main: Suhrkamp, 1991b.

_____. A obra de arte na época de sua reprodutibilidade técnica. In: *Obras escolhidas. Magia e técnica, arte e política*. São Paulo: Brasiliense, 1994.

BORELLI, Silvia H. S. Telenovelas: padrão de produção e matrizes populares. In: BRITTOS, Valério Cruz; BOLAÑO, César Ricardo (orgs.). *Rede Globo – 40 anos de poder e hegemonia*. São Paulo: Paulus, 2005.

BUCCI, Eugênio (org.). *A TV aos 50*. Criticando a televisão brasileira no seu cinquentenário. São Paulo: Fundação Perseu Abramo, 2003.

COOK, Deborah. *The culture industry revisited*. London: Rowman & Littlefield, 1996.

DA COSTA, Alcir Henrique et alii. *Um país no ar. História da TV brasileira em 3 canais*. São Paulo/ Rio de Janeiro: Brasiliense/Funarte, 1986.

DANTO, Arthur. *The philosophical desinfranchisement of Art*. New York: Columbia University Press, 1986.

DIAS, Marcia Tosta. *Os donos da voz*. Indústria fonográfica brasileira e mundialização da cultura. São Paulo: Boitempo, 2008.

DUARTE, Rodrigo. *Marx e a natureza em 'O Capital'*. São Paulo: Loyola, 1986.

_____. *Mímesis e racionalidade*. A concepção de domínio da natureza em Theodor W. Adorno. São Paulo: Loyola, 1993.

_____. *Adornos. Nove ensaios sobre o filósofo frankfurtiano*. Belo Horizonte: UFMG, 1997.

_____. Mundo "globalizado" e estetização da vida. In: ZUIN, A.A.S., RAMOS-DE-OLIVEIRA, N.; PUCCI, B. *Teoria crítica, estética e educação*. Campinas/Piracicaba: Autores Associados, Unimep, 2001.

_____. A celebração da virtualidade real. Belo Horizonte, *Mosaico*, n. 0, 2002.

_____. A indústria cultural global e sua crítica. In: DUARTE, R. et alii (orgs.). *Kátharsis. Reflexos de um conceito estético*. Belo Horizonte: C/Arte, 2002.

_____. *Adorno/Horkheimer & a dialética do esclarecimento*. Rio de Janeiro: Jorge Zahar, 2002.

_____. *Teoria crítica da indústria cultural*. Belo Horizonte: UFMG, 2003.

_____. O tema da indústria cultural na *Teoria estética* de Theodor Adorno. In: SANTOS, Francisco Venceslau dos; NUÑEZ, Carlinda Fragale Pate (orgs.). *Encontro com Adorno*. Rio de Janeiro: Caetés, 2004.

_____. A questão do estilo em Theodor W. Adorno. In: PERES, Ana Maria Clark; PEIXOTO, Sérgio Alves; OLIVEIRA, Silvana Maria Pessoa de (orgs.). *O estilo na contemporaneidade*. Belo Horizonte: UFMG, 2005.

_____. A liquidação do trágico como aspecto do fim da arte. In: ALVES JÚNIOR, Douglas Garcia. *Os destinos do trágico*. Arte, vida, pensamento. Belo Horizonte: Fumec/Autêntica, 2007.

_____. *Dizer o que não se deixa dizer*. Para uma filosofia da expressão. Chapecó: Argos, 2008a.

_____. Indústria cultural hoje. In: DURÃO, Fabio Akcelrud; ZUIN, Antonio; VAZ, Alexandre (orgs.). *A indústria cultural hoje*. São Paulo: Boitempo, 2008b.

_____. O sublime estético e a tragédia do mundo administrado. In: Imaculada Kangussu et alii. *O cômico e o trágico*. Belo Horizonte/Rio de Janeiro: Fapemig/7 Letras, 2008c.

_____. *Deplazierungen. Aufsätze zur Ästhetik und kritischen Theorie*. Weimar: Max Stein Verlag, 2009.

_____; TIBURI, Marcia. *Seis leituras sobre a Dialética do esclarecimento*. Ijuí: Unijuí, 2009.

_____; FIGUEIREDO, Virginia. *As luzes da arte*. Belo Horizonte: Opera Prima, 1999.

FABRINI DE ALMEIDA, Lúcia. Espelhos míticos da cultura de massa. Cinema, TV e quadrinhos na Índia. São Paulo: Annablume, 1999.

FLUSSER, Vilém. *Ficções filosóficas*. São Paulo: Edusp, 1998.

_____. *Medienkultur*. Frankfurt a.Main: Fischer Verlag, 1997. p. 106.

FROTA, Wander Nunes. *Auxílio luxuoso*. Samba símbolo nacional, geração Noel Rosa e indústria cultural. São Paulo: Annablume, 2003.

GABLER, Neal. *An empire of their own*. How the jews invented Hollywood. New York: Anchor Books Doubleday, 1989.

GARCIA, Tania da Costa. *O "it verde e amarelo" de Carmen Miranda (1930-1946)*. São Paulo: Fapesp/Annablume, 2004.

GOMES, Paulo Augusto. *Pioneiros do cinema em Minas Gerais*. Belo Horizonte: Crisálida, 2008.

GONZAGA, Alice. *50 anos de Cinédia*. Rio de Janeiro: Record, 1987.

GRACYK, Theodore A. Adorno, jazz, and the aesthetics of popular music". *Musical Quarterly*, v. 76, n. 4, p. 536-542, Winter, 1992.

GREENBERG, Clement. Vanguarda e kitsch. In: FERREIRA, Glória; COTRIM, Cecília. *Clement Greenberg e o debate crítico*. Rio de Janeiro: Jorge Zahar, 2001.

HORKHEIMER Max, *Eclipse of reason*. New York: Continuum, 1974. p. 101.

_____ et alii. *Studien über Autorität und Familie. Forschungsberichte aus dem Institut für Sozialforschung*. Lüneburg: Dietrich zu Klampen Verlag, 1987 (reimpressão facsimilada da edição original de Paris, de 1936).

_____. *Gesammelte Schriften*. v.3. Frankfurt am Main; Fischer, 1988a.

_____. *Gesammelte Schriften*, v.4. Frankfurt am Main: Fischer, 1988b.

JAMBREIRO, Othon (org.). *Tempos de Vargas*. O rádio e o controle da informação. Salvador: Edufba, 2004.

JAY, Martin. *The dialectical imagination. A history of the Frankfurt school and the Institut of Social Research, 1923-1950*. Boston & Toronto: Little, Brown and Company, 1973.

_____. *Adorno*. Cambridge: Harvard University Press, 1984.

_____. *Permant Exiles*. Essays on the intellectual migration from Germany to America. New York: Columbia University Press, 1986;

KANT, Immanuel. *Kritik der reinen Vernunft*. Hamburg: Felix Meiner Verlag, 1976.

_____. *Kritik der Urteilskraft*. Frankfurt am Main: Suhrkamp, 1986.

KAUSCH, Michael. *Kulturindustrie und Populärkultur*. Frankfurt (M): [s.e.], 1988.

KITTLER, Friedrich. *Grammophon, Film, Typewriter*. Berlim: Brinkmann & Bose, 1986.

KRACAUER, Siegfried. *Das Ornament der Masse*. Frankfurt (M): Suhrkamp, [s.d.].

LASH, Scott. Wenn alles eins wird. Wir leben im Zeitalter der globalen Kulturindustrie. Darin liegen auch Chancen. *Die Zeit*, 5 de mar. 1998.

LINS DA SILVA, Carlos Eduardo (org.). *Comunicação, hegemonia e contra-informação*. São Paulo: Cortez/Intercom, 1982.

_____. *Muito além do Jardim Botânico*. Um estudo sobre a audiência do Jornal Nacional da Globo entre trabalhadores. São Paulo: Summus, 1985.

MAASE, Kaspar. *Grenzesloses Vergnügen. Der Aufstieg de Massenkultur 1850-1970*. Frankfurt (M): Fischer, 1997.

MARCONDES FILHO, Ciro. *Política e imaginário nos meios de comunicação para massas no Brasil*. São Paulo: Summus, 1985.

MARTINS, Fábio. *Senhores ouvintes, no ar...* A cidade e o rádio. Belo Horizonte: C/Arte, 1999.

MARX, Karl. *Ausgewälhte Werke Band I*. Berlim: Dietz Verlag, 1981a.

_____. *Das Kapital*. v.1. Berlim: Dietz Verlag, 1981b.

MAY, Lary. *Screening out the past*. The birth of mass culture and the motion picture industry. Chicago/London: The University of Chicago Press, 1995.

MICELI, Sérgio. *A noite da madrinha*. São Paulo: Perspectiva, 1972.

MILANESI, Luiz Augusto. *O paraíso via Embratel*. Rio de Janeiro: Paz e Terra, 1978.

NYE, William P. Theodor Adorno on jazz: a critique of Critical Theory. *Popular Music and society*, v. 12, n. 4, p. 69-73, Winter, 1998.

ORTIZ, Renato. *A moderna tradição brasileira*. Cultura brasileira e indústria cultural. São Paulo: Editora Brasiliense, 1988.

ORTIZ, Renato et alii. *Telenovela:* história e produção. 2. ed. São Paulo: Brasiliense, 1991.

PROKOP, Dieter. *Medien-Macht und Massen-Wirkung. Ein geschichtlicher Überblick*. Freiburg im Breisgau: Rombach, 1995. p. 337.

PUTERMAN, Paulo. *Indústria cultural:* a agonia de um conceito. São Paulo: Perspectiva, 1994.

REY PUENTE, Fernando. A *kátharsis* em Platão e Aristóteles. In: DUARTE, Rodrigo et alii, *Kátharsis – Reflexos de um conceito estético*, Belo Horizonte: C/Arte, 2002. p. 10-27.

SEGALLER, Stephen. *Nerds 2.0.1: A brief history of the internet*. New York: TV Books, 1999.

SHUSTERMAN, Richard. *Vivendo a arte*. O pensamento pragmatista e a estética popular. Rio de Janeiro: 34 Editora, 1997.

SIMÕES, FERREIRA, Cassiano; MATTOS, Fernando. "Elementos histórico-regulatórios da televisão brasileira, In: BRITTOS, Valério Cruz; BOLAÑO César Ricardo (orgs.). *Rede Globo* – 40 anos de poder e hegemonia. São Paulo: Paulus, 2005

STEINERT, Heinz. *Kulturindustrie*. Münster: Westfälisches Dampfboot, 1998.

TÜRCKE, Christoph. *Erregte Gesellschaft. Philosophie der Sensation*. Munique: C.H. Beck, 2002.

VAN REJEN, Willem; SCHMID-NOERR Gunzelin. *Vierzig Jahre Flaschenpost: "Dialektik der Aufklärung" 1947bis 1987*. Frankfurt am Main: Fischer, 1987.

WIGGERSHAUS, Rolf, *Die Frankfurter Schule. Geschichte, theoretische Entwicklung, politische Bedeutung*. Munique e Viena: dtv Wissenschaft, 1988. p. 23.

ZIPES, Jack. *Happily ever after*. Fairy tales, children, and the culture industry. New York & London: Routledge, 1997.

Este livro foi impresso nas oficinas gráficas da Editora Vozes Ltda.,
Rua Frei Luís, 100 – Petrópolis, RJ,